clave

Patricia Ramírez, conocida como Patri Psicóloga, es psicóloga, escritora, conferenciante y divulgadora en diferentes medios de comunicación. Patricia es licenciada en Psicología, tiene un máster en Psicología clínica y de la salud y un doctorado del Departamento de Personalidad, Evaluación y Tratamiento Psicológico de la Universidad de Granada.

En 2017 fue galardonada con el Premio del Colegio Oficial de Psicólogos de Andalucía Oriental a la mejor divulgadora en redes sociales, y en 2024 obtuvo el Premio MIA 2024 a la mujer más influyente de Aragón en la categoría de divulgación y generación de contenido. Desde sus redes, en las que cuenta con más de un millón de seguidores, ofrece diariamente consejos y herramientas a través de sus vídeos y posts, y divulga sobre lo que más le apasiona: la psicología de la vida cotidiana.

Es autora de once libros, entre los que destacan: *Vivir con serenidad* (Grijalbo, 2022), *Somos fuerza* (Grijalbo, 2021) y *Cuenta contigo* (Conecta, 2016), el cual lleva más de once ediciones. Colabora habitualmente en televisión, radio, prensa y revistas. Destaca su participación en el programa *Para todos la 2* de TVE. Desde 2021 está de gira con su equipo por España con cinco obras de teatro que acercan la psicología al público desde el humor y el rigor, y que dan herramientas para gestionar la ansiedad, la adolescencia, la menopausia y las relaciones de pareja. Estos cinco espectáculos se pueden ver en las principales ciudades del país.

Es conferenciante habitual sobre temas relacionados con la actitud, la fuerza de voluntad, la confianza, el liderazgo y el optimismo, e imparte talleres semanalmente, online y de forma presencial. Su clínica online, de cobertura nacional e internacional, tiene un objetivo claro: mejorar la vida de las personas.

Para más información, visita la página web de la autora:
www.patripsicologa.com

También puedes seguir a Patricia Ramírez en Instagram:
@patri_psicologa

PATRICIA RAMÍREZ LOEFFLER

Cuenta contigo

No busques fuera,
las soluciones están en ti

DEBOLS!LLO

Papel certificado por el Forest Stewardship Council®

FSC
www.fsc.org
MIXTO
Papel | Apoyando la silvicultura responsable
FSC® C117695

Penguin
Random House
Grupo Editorial

Primera edición en esta colección: mayo de 2025

Printed in Spain – Impreso en España

ISBN: 978-84-663-7864-2
Depósito legal: B-4.584-2025

Compuesto en Pleca Digital, S.L.U.
Impreso en Black Print CPI Ibérica
Sant Andreu de la Barca (Barcelona)

P 3 7 8 6 4 2

A la princesa. Naciste con las alas cortadas, pero aprendiste a volar así. Y has volado más alto, más fuerte y más lejos que nadie. Nunca te aprovechaste de tus circunstancias, de lo que te hacía diferente de pequeña, salvo para crecerte ante la adversidad y volverte más fuerte. En tu vida no hay drama, hay responsabilidad, felicidad y fortaleza. Hay una mujer madura, amiga y con sentido común. La adversidad solo existe para enseñarnos a vencerla y tú eres el ejemplo. Tú eres un «CUENTA CONTIGO»*. Y yo estaré siempre ahí para darte mi vida, mi amor y todo lo que necesites. Gracias, Carmen, mi amor, ¡cuánto hemos aprendido y disfrutado juntas!*

A Pablo, mi vida, que con su madurez y su forma especial de ser cada día me sorprende más. No hay un día en el que no aprenda de ti. Gracias por existir.

A ti, amor. Por lo luchado, lo dolido, por la esperanza, porque nos lo merecemos, por nosotros. Te amo.

Y a las niñas, que vinieron a mi vida a darle todavía más luz.

Índice

Introducción

> Estar preparado es importante, saber esperar lo es aún más, pero aprovechar el momento adecuado es la clave de la vida.
>
> ARTHUR SCHNITZLER

En esta frase del dramaturgo y médico austríaco Arthur Schnitzler se encuentra resumida la trama principal de *Cuenta contigo*. Y sobre todo en saber que aprovechar el momento adecuado depende de nosotros. Este libro es un canto a la responsabilidad y al *locus* de control interno. ¿En qué medida nuestro éxito personal, profesional o deportivo depende de nosotros? ¿Son los demás los que nos boicotean, nos estresan e impiden que alcancemos nuestros sueños? ¿No seremos nosotros los que no ponemos todo de nuestra parte, e invertimos el tiempo y la energía en buscar excusas que nos limitan?

Los límites, los pretextos, la pereza y la cultura de «lo merezco todo invirtiendo lo mínimo» impiden que muchas personas alcancen sus sueños y, con ello, la felicidad. Estas pasan gran parte del tiempo soñando con lo que anhelan, diciendo que quieren esto y lo otro, pero apenas se esfuerzan, ni luchan por lo que desean. Quizá es que no lo desean con la suficiente intensidad...

En *Cuenta contigo* vamos a trabajar desde el interior para que puedas alcanzar tus propósitos. Pero ¿qué hay en tu interior? Hay mucho más de lo que imaginas: capacidad de aprendizaje, posibilidad de cambio, valores, fuerza de voluntad, talento, pasiones y emociones; en definitiva, un potencial cognitivo que puedes poner en práctica para sentirte mejor, experiencias positivas que ayudarán a que te sientas seguro y confiado y a que veas en ti alguien con posibilidades de avanzar, en lugar de una persona limitada. También es cierto que dentro de nosotros hay miedos, historias de fracasos, vulnerabilidad, etiquetas y juicios de valor que nos impiden avanzar, o críticas que condicionan nuestras expectativas. A lo largo del libro veremos que todo esto también forma parte de nuestra mochila, y que tendremos que aprender a lidiar con ello, analizarlo y vencerlo para que, en lugar de restar, nos ayude a seguir sumando.

En *Cuenta contigo* vas a encontrar el empujón que precisas para no depender de los ánimos de los demás. Si para empezar a hacer ejercicio necesitas contar con la compañía de un amigo, si para ser titular en tu equipo solo dependes de la elección de tu entrenador o para mejorar tu inglés esperas que sea tu empresa la que te pague la formación, quizá nunca logres ninguno de estos tres propósitos. ¿Por qué? Porque el éxito de los tres está en lo que los demás tienen que hacer por ti. Y esto es cómodo pero poco eficaz. Deja de esperar el rescate y ponte a nadar, en la dirección que sea y en el estilo que mejor se te dé, pero ¡nada! Como decía Dory en *Buscando a Nemo*: «Sigue nadando, sigue nadando...». Nadar permite, en un principio, mantenerse a flote. Y cuando disfrutas nadando, eres capaz de atreverte incluso con el estilo mariposa.

Pedir ayuda es vital para nuestra supervivencia. Es una conducta inteligente que permite colaborar, cooperar, y que entre todos consigamos objetivos que no somos capaces de lograr por nosotros mismos. Pero si pedimos ayuda sin probar antes de qué somos capaces, sin explorar si podemos resolver el enigma con nuestros propios recursos, nunca llegaremos a saber dónde están nuestros límites, ni a salir de la zona confortable, ni a trabajar la creatividad para buscar soluciones nuevas. No se trata solamente de estudiar y memorizar lo que nos dan hecho o resuelto. Se trata de aprender a aprender. Resultan mucho más placenteros los logros conseguidos con nuestro esfuerzo y poniéndonos a prueba, que los logros a los que hemos sido empujados por otros.

No pretendo con este libro que seas autosuficiente y autónomo para todo, pero sí que aprendas a responsabilizarte de tus objetivos, emociones y pensamientos; en definitiva, de las cosas que te ocurren en la vida. Porque solo así podrás ocuparte de ellas y solucionarlas. Los demás no son los responsables de que tú seas infeliz, de que estés nervioso o tengas una situación de incertidumbre. Esto es demasiada responsabilidad para el otro. ¿Te lo imaginas al revés? ¿Te imaginas asumiendo la responsabilidad de la felicidad de tu pareja, de tus colegas de trabajo, de los compañeros de equipo, de tus amigos... siendo el director de toda esa «orquesta»? Sería terrible y agotador. Aprende a estar pendiente de ti y de lo que tú controlas para poder trabajar en ti mismo.

Cuenta contigo tampoco es una llamada al egoísmo. No es ese el objetivo. Todo lo contrario. No se trata de mi tiempo, mi espacio, mis recursos y mis cosas, o de mis rotuladores y mis apuntes, como cuando íbamos al colegio. *Cuenta contigo* significa solo dejar de pedir ayuda fuera para buscarla en ti. Y si después de una búsqueda a conciencia no la encuentras, cuenta con otros. Pero date tiempo para aprender, actuar, reproducir y coger el hábito. Para contar con otros, tienes toda la vida.

¿En qué momento perdimos el espíritu aventurero, ese que todos los niños tienen mientras siguen siéndolo? ¿Te acuerdas de que, cuando eras pequeño, una de tus frases favoritas era «yo solo»? Los niños quieren sentirse mayores ganando autonomía. Quieren que les dejes comer solos aunque se echen los macarrones por encima, quieren vestirse solos aunque se ralentice el proceso, quieren ducharse solos aunque acaben con la cabeza llena de espuma porque no saben aclararse bien. Las personas tenemos esa necesidad de explorar y de aprender... hasta que llegan los machacones del error y las prisas, y los obsesivos de la perfección, que nos hacen sentir desgraciados cuando nos equivocamos. Muchos padres contestan «No, que te manchas», «No, que si te visto yo, terminamos antes», «No, que te dejas toda la cabeza llena de jabón y se te va a quedar el pelo pegajoso». Y poco a poco nos van mutilando la iniciativa y los deseos de descubrir y ocuparnos de nuestras cosas. Terminamos interiorizando que, cuando otros se ocupan de las cosas, lo hacen mejor y más rápido. Y cuando te das cuenta, en tu vida prevalece el perfeccionismo, las prisas y el hacer lo correcto y lo que se espera de ti. Aunque para ello tuviste que pagar un precio muy alto: entregaste a cambio tu creatividad y tu iniciativa, y perdiste la oportunidad de divertirte descubriendo.

Recuerdo que cuando era pequeña una de mis mayores ilusiones era ir a bajar el Naranjo de Bulnes. Alguno de mi pandilla debió oír en su casa que era una montaña fantástica para escalar, y nosotros íbamos todas las tardes a escalar una pared de unos tres metros de altura. De habernos caído, seguro que nos hubiéramos roto algún hueso. Yo no sabía ni lo que significaba Naranjo de Bulnes, de hecho lo llamaba «Naranjo Blume», porque hacía gimnasia deportiva y me recordaba a la Residencia Blume. Solo sabía que había que bajar y subir, tratar de no caerse y de que en casa no supieran dónde nos metíamos. E ingeniárnoslas, si nos caíamos, para buscar esa mentirijilla que cubriera a los demás y no delatase nuestras escapadas. La mentirijilla estaba mal, pero la aventura era divertida. Desarrollaba la creatividad, el ejercicio, la amistad, la complicidad y muchas otras cosas. Hoy en día esto sería impensable. No puedes salir de casa a jugar a la calle porque te manchas, te caes, te rompes algo, te raptan, te violan, te, te, te... Nuestros hijos están asimilando el «manual del perfecto inútil» con tanta sobreprotección. No se trata de que sean temerarios, pero dejemos que den rienda suelta a su espíritu aventurero y que tomen la iniciativa para que crezcan con la experiencia de que pueden contar con ellos mismos.

Hay una palabra clave que es el eje transversal del *Cuenta contigo*: responsabilidad. Me encanta el concepto de «responsabilidad». Para mí no tiene nada que ver con la seriedad, ni con el autoritarismo, ni con ser un aburrido y un rancio en el trabajo. Eres responsable cuando cumples con tu palabra, cuando te ocupas de tus obligaciones sin tener a nadie encima, cuando decides tomar las riendas de tu vida para ser el protagonista. Si eres capaz de conseguir todo esto con diversión, humor, pasión y buenos ratos, ¡qué más le podemos pedir a la vida!

En este libro encontrarás veinte capítulos, breves, con la siguiente estructura: una introducción al tema, una invitación a tu reflexión personal, ejemplos (de la vida cotidiana, de la profesional y de la deportiva) y mis consejos prácticos, que van al grano, para que puedas poner en marcha tus cambios cada vez que lo desees.

Algunos capítulos tienen títulos absurdos o aparentemente carentes de significado y lógica. No te extrañes, todos son fruto de la experiencia con mis pacientes, con empresas y con deportistas. A lo largo de mis veinte años de experiencia, me he dado cuenta de que las metáforas, las historias reales y los simbolismos son una herramienta muy eficaz para generar el cambio. No hay nada como comprender lo que te están diciendo para poder ponerlo en práctica. No te preocupes demasiado por esos títulos donde aparecen melocotones, Teresa de Calcula o las copas de la abuela. Cuando termines cada capítulo comprenderás el sentido, te habrán provocado una sonrisa y te será mucho más sencillo recordar lo que he querido explicar.

Cuenta conmigo durante la lectura del libro, para que luego puedas contar más contigo de lo que lo haces hasta ahora. Hay muchas soluciones en ti. ¿Recuerdas cuántas veces has conseguido solucionar tu solito un problema? Coge una libreta. Una libreta bonita y especial, en la que te apetezca escribir y que puedas consultar cada vez que tengas dudas. Será la libreta *Cuenta contigo*. Y empieza con el primer ejercicio.

Momento libreta...

Escribe de forma breve cinco éxitos logrados por ti. Cuando describas el primero, anota después lo que te ayudó a conseguirlo. ¿Fue tu constancia, tus conocimientos, tu experiencia, ser rápido, tu deseo de solucionarlo...?

Ya estás contando contigo. Estás buscando dentro de ti herramientas que te han servido en ocasiones anteriores. Las olvidamos porque no damos importancia a lo que vamos consiguiendo, y cuando nos vemos en una situación nueva que necesitamos resolver, ya no recordamos lo que hicimos la última vez.

A mis pacientes y a los deportistas les pido siempre que lleven una hoja con los recursos que vamos aprendiendo. Que anoten qué técnica, herramienta o truquito hemos aprendido y para qué nos sirve.

Aquí tienes un ejemplo:

Mis recursos personales	
Relajación muscular	Para manejar la ansiedad.
Escribir mis éxitos logrados	Me da seguridad y conocimiento de mis recursos.
Visualización	Anticiparme a una jugada, a una reunión y dejar en mi memoria lo que quiero que ocurra y cómo quiero que ocurra. Me da seguridad y me motiva.

Mientras vas leyendo y trabajando con el libro, ve haciendo también tu lista de recursos personales. Será un resumen de lo que te resulta útil y así sabrás, ante situaciones de debilidad o duda, qué herramienta utilizar. También serás consciente de lo que has aprendido.

Gracias por leer este libro y por dar valor a mi trabajo. Mi experiencia me dice que desde el día que decidí contar conmigo, me sentí libre. No te pierdas esa experiencia, no tiene precio.

1

¿Eres lo que deseas ser?

> Si no está en tus manos cambiar una situación que te produce dolor, siempre podrás escoger la actitud con la que afrontes ese sufrimiento.
>
> VIKTOR FRANKL

Hay personas que se sienten como la parte perdedora de una relación rota, como alguien marginado o que inexplicablemente ha sido despedido de su trabajo, como el jugador desolado que ha bajado de categoría. Se hallan invadidas por la inseguridad, y se mueven sin rumbo y sin objetivos. Hay personas que se sienten perdidas.

Hay otro grupo de personas que están desmotivadas. No terminan de encontrar lo que les apasiona. Alumnos de bachillerato que no saben si estudiar ingeniería o ser funambulistas, deportistas que no saben si seguir insistiendo en su carrera profesional o bajarse del tren de la competitividad, directivos angustiados y con ganas de pedir una baja voluntaria y abrir un pub de mojitos en el Caribe, amas de casa que ni aman la casa ni saben dónde echar raíces para empezar a trabajar.

Hay personas aburridas. De su vida, de su pareja, de la falta de atención y egoísmo de sus hijos, de no recibir lo mismo que entregan. Personas que llevan mucho tiempo malviviendo la vida que no desean tener.

Hay un grupo todavía más triste, los que sí saben lo que quieren pero son incapaces de actuar. Quiero adelgazar, quiero hacer deporte, quiero relacionarme con menor agresividad, quiero manejar la presión cuando compito, quiero ser más amable con mis compañeros de trabajo, quiero dejar de fumar, quiero aprender a controlarme y ser menos impulsivo, quiero, quiero, quiero... pero no hago nada.

Y, para rematar, está el grupo que quiere que las circunstancias y su entorno cambien o que los demás hagan cosas por ellos para ser felices: quiero menos tráfico, quiero que me traten con respeto, quiero que mi pareja sea más romántica, quiero que los niños obedezcan a la primera, quiero que mi jefe valore lo eficaz y buen trabajador que soy, quiero que me adivinen el pensamiento y me digan que no he engordado cuando sí he aumentado dos kilos. Y cuando todo el mundo haga lo que yo quiero, tampoco seré feliz, porque entonces querré más.

Si te has visto reflejado en alguno de los grupos, te animo a reírte de ti mismo. Para comenzar, es la mejor medicina. Y que identificarte sirva para poner remedio.

¿Eres lo que quieres ser? Sé que es una pregunta muy general. Pero ¿cuál es la respuesta que darías de forma espontánea, un «sí» o un «no»? Si es que «sí», perfecto. Si es que «no», genial. Porque es el momento de poder elegir aquello en lo que te quieres convertir.

Las personas que contestan «sí», no se sienten perfectas, ni piensan que no tengan nada que aprender, ni que lo hayan conseguido todo en la vida. Pero están en equilibrio. Se gustan, a pesar de verse en un proceso de cambio. Las del «sí» lo tienen más sencillo. Estar a gusto con uno mismo te permite cambiar con tranquilidad, sin prisa, porque de todas formas ahora estás en paz. En cambio, las personas del «no» se agobian se deprimen, se consumen, quieren algo diferente, pero hay tanto que modificar, que les desborda y no saben por dónde empezar.

Empecemos por definir qué quiero ser.

Momento libreta...

Finaliza diez veces la frase que empieza con «Quiero ser...». Los ejemplos que ofrezco a continuación pertenecen a personas distintas:

1. Quiero ser más creativo.
2. Quiero ser una persona más paciente.
3. Quiero ser un deportista con más confianza.
4. Quiero ser un poco más lector.
5. Quiero ser alguien con más carácter para que no me engulla mi jefe ni mis compañeros.
6. Quiero ser puntual.
7. Quiero ser alguien sin ansiedad, alguien tranquilo, y poder disfrutar de la vida con sosiego, estar relajado en el cine o cuando tomo algo con mis amigos, y cuando conduzco o voy al supermercado.
8. Quiero ser alguien que piense más en mí. Siento que mis hijos y mi pareja se aprovechan de lo solícita que soy y no valoran todo aquello a lo que renuncio por ellos.
9. Quiero ser más atrevido para poder cumplir mis sueños. Los miedos me bloquean y no doy pasos para superarlo.
10. Quiero ser más ordenado.

¿Por qué deberías convertirte en quien deseas ser? Es fácil, por honestidad contigo mismo. Este es el principal motivo. Vivir una vida que no te gusta, o la vida que otros desean para ti, no es vivir la vida. Es participar de un espectáculo en el que ni siquiera eres protagonista. Es cierto que nuestras responsabilidades y el sentido común nos impiden tirar la casa por la ventana y salir disparados a vivir a Hawái. Pero entre un extremo, el de la infelicidad, y el otro extremo, el de vivir a lo loco, hay un término medio en el que podríamos sentirnos de forma distinta.

Convertirte en lo que deseas ser forma parte de un largo camino. Así que para culminar con éxito este capítulo, y el resto del libro, necesitamos llenar una maleta. En la maleta que te llevas puedes empezar por meter a la responsabilidad. No son los demás, ni las circunstancias, ni la suerte, eres tú el único que puede responsabilizarse de tu cambio. Acuérdate también de convocar a la paciencia. Las prisas no llevan a ninguna parte. La dieta de la alcachofa, la de la piña y otras barbaridades te llevan a perder mucho peso de golpe y a recuperarlo con la misma velocidad. Todo cambio necesita tiempo. ¡Y cuidado con las expectativas! Condicionan nuestra implicación y nuestras emociones. Si te excedes, te sentirás frustrado, y si te quedas corto, quizá no te motives lo suficiente para esforzarte más. Y recuerda que, para lograr un cambio, necesitamos contar con las variables más potentes de la psicología positiva: optimismo, esperanza, perseverancia, ilusión y coraje.

El padre de la psicología positiva, Martin Seligman, ha demostrado que la mejor forma de prevenir la salud mental es entrenarnos en todo lo que nos protege. Si sigues viviendo una vida que no deseas, estarás participando en tu propio deterioro, incluso en desarrollar enfermedades de tipo psicológico y físico. Una persona insatisfecha puede sufrir ansiedad y tristeza, e inmunodeprimirse, y verse afectado así su sistema inmunológico. Querer ser feliz y esforzarte en el cambio, además de aportarte felicidad, te aportará salud. Antes de planificar tu cambio, aquello que eliges ser, tienes que conocer el valor de tus expectativas. Las expectativas se definen como la idea que tenemos de lo que puede ocurrir, son lo que esperas de ti. Si esperas cosas buenas, tu implicación, esfuerzo y perseverancia serán mayores. Pero también ocurre lo contrario. Si piensas que tienes limitaciones, tu progreso también será limitado. El avance no es posible cuando no te crees capaz de conseguirlo. Así lo han demostrado, por ejemplo, varias investigaciones en las que participaron grupos de pacientes voluntarios dispuestos a valorar un medicamento prescrito para inhibir el dolor. Las personas a las que se les administraron placebos manifestaron un nivel de dolor inferior al de las personas que sí habían tomado el analgésico. Es decir que sintieron menos dolor que los que tomaron medicación para el dolor. Las expectativas que ponemos ante una determinada situación son capaces de sugestionarnos de tal manera que inhiben o potencian funciones biológicas. Imagina lo que seremos capaces de sentir y hacer cuando las expectativas estén puestas en el potencial psicológico: la actitud y las emociones.

Momento libreta...

Antes de seguir trabajando en lo que deseas ser, contesta con tranquilidad estas preguntas. Ya que las expectativas van a influir en tu cambio...

- ¿Qué espero de mí?
- ¿Qué creo que soy capaz de conseguir?
- ¿Alguna vez he tenido éxito en un cambio?

A la hora de cambiar, también influyen tus ideas limitantes. Los límites pueden venir de ti, de una pareja posesiva, de la mala organización del tiempo; en definitiva, de todo lo que veas como un freno.

Momento libreta...

1. Elige un cambio de tu lista, la del primer ejercicio de este capítulo.
2. Escribe lo que ganas con tu cambio, ¿adónde te lleva?
3. Define, por favor, qué límites encuentras a la hora de realizar cada uno de tus cambios.
4. Escribe, a continuación, soluciones para derribar tus límites.
5. Y divide tu primer cambio en objetivos más pequeños, en pasos que puedas planificar y que puedas empezar a dar.

Es importante que te concienciеs de que debes contar contigo, con tu actitud, con tus recursos, con tus ideas, con tus errores y aciertos, pero, en definitiva, contigo. A partir de hoy, no hagas responsable a nadie, ni de lo que consigas ni de lo que dejes por el camino.

Contar con otras personas es una idea romántica, pero solo eso. La verdadera responsabilidad e implicación pasan por desear lograr algo e involucrarte tú. No significa que tengas que rechazar la ayuda y la cordialidad de quienes te ofrezcan su cooperación, pero no cuentes con ello, ni mucho menos lo exijas. Lo que te llega es un regalo y acéptalo como tal, con todo el agradecimiento que se merece aquello que no esperas.

Momento libreta...

Observa dos ejemplos de cómo completarían este último «Momento libreta» un deportista y una dependienta, y luego redacta el tuyo.

Ejemplo 1: Deportista de alto rendimiento

1. El cambio que elijo: tener más seguridad.
2. Cuando lo consiga seré capaz de competir con todo mi talento. Podré alcanzar mejores marcas, aspirar a becas que ahora no consigo, sentirme orgulloso de mi trabajo y cumplir con sueños que ahora se ven truncados por no tener confianza en mí mismo.
3. Lo que me limita es no saber cómo llevar a cabo mi propósito, no sé pensar de forma positiva, ante el error me vengo abajo y me meto en un círculo vicioso.
4. Mis soluciones:
   a) Cambiar mis creencias ante el error. El error tiene que formar parte de mis entrenamientos. Tengo que aceptar que me equivoco y que esto forma parte de mi evolución como corredor.
   b) Aprender a hablar en positivo. Necesito utilizar frases del tipo «He entrenado bien», «Voy cumpliendo con la programación», «Mi técnica es espectacular», etc.
   c) Fijarme más en mis sensaciones positivas cuando entreno. Estoy muy pendiente de las molestias y de los signos de cansancio, y con ello me vengo abajo.
   d) Escribir cada día mis progresos y aquello de lo que me siento orgulloso en cada entrenamiento, así estaré más pendiente de lo que hago bien y no tanto de lo que no consigo.
5. A partir de mañana, escribiré cada día una frase que focalice mi atención en una fortaleza durante los entrenamientos, o en sensaciones positivas. Y al volver del entreno anotaré en un diario todo lo que he conseguido.

Ejemplo 2: Dependienta

1. El cambio que elijo: ser más amable con los clientes. A veces me levanto de mal humor y contesto de forma brusca, ni siquiera les miro a los ojos cuando me piden algo.
2. Conseguiré retener y fidelizar clientes y que vuelvan a mi panadería. A veces pienso que tengo muy buen género pero que nadie desea relacionarse con alguien malcarado. Si sigo en esta línea, dejarán de venir a comprar el pan.
3. Me limita mi mal humor. Soy muy dependiente de mis emociones y, si estoy mal, estoy mal, y punto. No sé si lo podré controlar. Toda la vida he sido así, pero no me gusto.
4. Mis soluciones:
   a) Sonreír, sí o sí. Voy a ponerme una cara sonriente en la pantalla del móvil, que me ayude a recordar que tengo que sonreír siempre. Y voy a poner un cartel en la panadería, que pueda ver constantemente y en el que ponga: «Sonría, por favor».
   b) Esforzarme en utilizar expresiones amables: «Gracias por la visita»; «Espero que disfrute del pan»; «Me alegro de volver a verle», etc.
5. Hoy mismo empiezo con la sonrisa y con la expresión: «Que tenga un buen día». Creo que conseguir esto ya es un logro para mí.

En los ejemplos hay pequeños pasos de uno de los ítems de la lista de diez. Tu lista puede ser de diez «cosas que quieres ser», de tres o de quince. Que no te bloquee todo aquello en lo que te quieres convertir. Lo importante es detallar, definir el primer paso, ver qué te limita y si es superable, y empezar a andar.

Si tienes claros tus pasos, no los postergues más. Procrastinar te lleva a la frustración. Te equivocas pensando que no es el momento, que no serás capaz, que se te olvidará y otras excusas más.

Deja de hablar contigo mismo, calla y actúa. Da pasos pequeños para conseguir grandes metas. Ni te cuestiones lo que te va a costar, solo camina, muévete, actúa. Todo lo que hagas hoy, ahora, es mucho más de lo que tenías hace un minuto, que era nada, un deseo, una fantasía, pero nada más. Elige la fecha para empezar a andar. La idea es este momento, pero si crees que necesitas material, otras circunstancias o lo que sea, ponle fecha. Poner límites nos prepara y conciencia para el momento.

No necesitas la competición perfecta ni al cliente amabilísimo que genere en ti el empuje. Solo necesitas convertirte en tu propio motor.

¿Cuánto tiempo necesitas para que tu cambio se convierta en algo inherente a ti, en un hábito? Hay distintas investigaciones que hablan de 21 días, 66 días y hasta más de doscientos días. No importa, no tenemos prisa. Lo único que necesitas es tener intención de hacerlo. Si llevas veinte, treinta o cuarenta años siendo de una manera, qué más da mes arriba o mes abajo para lograrlo.

Para que se produzca el cambio, recuerda: tener el deseo, programarlo, actuar y repetirlo. La repetición favorece el aprendizaje. Por mucho que hoy sonrías a un cliente, si no lo repites mañana, pasado y el resto de tu vida, volverás a tu antigua forma de proceder. Para convertir algo en automático, se necesita un período de entrenamiento. Tienes que educar a tu cerebro, tus pensamientos y emociones para poder realizar lo que deseas con soltura. Repítelo, actúa, repítelo, actúa... y acuérdate de reforzarte. No es tu obligación, es tu esfuerzo. Si no te dices que eres magnífico y maravilloso por querer ser mejor, parecerá una obligación en lugar de un objetivo ilusionante. Recuerda lo que dijo Aristóteles: «Somos lo que repetidamente hacemos. De esta forma, la excelencia no es un hecho aislado, sino un hábito».

2

Tus Top Ten

Es amiga mía. Me une a mí misma. Junta las partes que son y me las devuelve en el orden que corresponde. Es bueno, ¿sabes?, tener una mujer que sea amiga de tu mente.

Toni Morrison

En la cita de Toni Morrison voy a introducir un pequeño cambio que me viene muy bien para lo que quiero explicar: «Es bueno... tener una mujer *o una lista* que sea amiga de tu mente».

El diez es el número por elección para todos los rankings. Estar en el Top Ten es estar entre los mejores, aunque solo haya once aspirantes. Si te dicen que «eres un Top Ten», eres lo máximo. Las listas y el hecho de enumerar nos ayudan a poner orden y nos dan información sobre las prioridades, qué es mejor o peor, lo que es urgente o secundario, etc.

Siempre animo a mis pacientes y deportistas a escribir listas, para todo: para ayudar a la memoria, para que puedan darse el gusto de tachar lo conseguido, para saber el orden de algo, para planificar el futuro. Las listas son maravillosas. Por eso son listas y no tontas. Hacer listas tiene varias ventajas:

- **Reducen el nivel de estrés.** Al tener tus cosas pendientes por escrito pierdes el miedo al olvido. A esto se le llama «delegar», y a las personas se nos suele dar bastante mal. Se trata de delegar una tarea y dejar de sobrevalorar nuestra memoria. ¡Bastantes cosas tiene ya de las que ocuparse!
- **Fomentan la creatividad.** Las listas van acompañadas de post-its, anotaciones, muñequitos, signos de exclamación, subrayados, fosforitos. Nos alegran la vista.
- **Producen sensación de bienestar.** Cada vez que tachas algo, significa que lo has logrado. «Tachar» es sinónimo de «deber cumplido». Y eso nos reconforta y nos hace sentir responsables.
- **Ponen orden y nos facilitan la gestión del tiempo.** Solemos ordenarlas por tiempo o por prioridades, por lo que más nos apetece o al contrario: para quitarnos de encima lo que menos nos gusta y poder dedicar tiempo luego a lo que nos place.
- **Fomentan la capacidad de síntesis.** En la lista no apuntas parrafadas completas, sino que escoges palabras clave que se asocian con grandes ideas. Es como hacer un esquema para estudiar.
- **Se asocian con momentos de relax.** Cuando decides anotar, ordenar la agenda o escribir la lista de la compra, lo identificas con un momento de orden. Te preparas un café y dedicas tiempo a organizarte.

¡Escribe tus listas a mano! Escribir a mano facilita una serie de tareas: mejora la ortografía, nos ayuda a redactar con mayor número de ideas, requiere una mayor concentración, facilita la memorización de conceptos y mejora la habilidad lectora. El cerebro está más activo cuando escribe que cuando teclea. El uso de las nuevas tecnologías y la rapidez de las mismas ha provocado que estemos abandonando el hábito de escribir a mano. El propio ordenador corrige los errores ortográficos y nuestro cerebro se vuelve vago al delegar esa tarea en el corrector. Es cierto que en determinadas actividades que nos agilizan y facilitan la vida no podemos nadar a contracorriente y que sería absurdo entregar a un cliente un trabajo o un informe escrito a mano. De hecho, hace cincuenta años se escribía a máquina, pero en aquellas tareas en las que escribir a mano todavía sea posible, hagámoslo. Evita hacer tus listas en el móvil o en la tableta, y dedica tiempo a coger papel y lápiz. También estarás trabajando así tu motricidad fina.

El cerebro trabaja de forma más compleja cuando escribe que cuando teclea. Teclear solo implica las áreas visual y verbal, mientras que la caligrafía implica más campos: el visual, el verbal, lo gráfico y el área que integra estas tres áreas cerebrales. Deja que tu cerebro se esfuerce, es positivo para ti. La zona confortable era escribir a mano, así aprendimos en el colegio. Salimos de la zona confortable para aprender a escribir a toda velocidad con el teclado. Ya que poseemos esa doble habilidad a la hora de escribir, no dejemos que la escritura manual se atrofie y con ello nuestro cerebro.

Según un estudio publicado en la revista *Psychological Science*, tomar notas con el ordenador no genera un aprendizaje tan profundo como apuntarlas a mano. Cuando escribes, subrayas, haces comentarios al margen y abrevias, pones en marcha más funciones, como la capacidad de síntesis y de decidir lo que es importante y lo que no lo es.

Los listados son ideales para seguir practicando nuestra escritura manual. Para escribir una lista que sea útil, sigue estos consejos:

1. No escribas varias listas, es mejor recoger todo en una, como sucede con las agendas. Tener una agenda para tus asuntos profesionales y otra para los personales es un error. Al final terminas duplicando reuniones o actividades. Utiliza solo una. Puedes poner en distintos colores lo profesional y lo personal, para distinguir ambos.
2. No te sobrevalores. Nos somos superhombres ni supermujeres. Escribe lo que seas capaz de hacer. Una forma de controlarlo es calcular al margen de cada tarea cuánto tiempo crees que puede llevarte. No solo la tarea en sí, sino los desplazamientos que conlleva.
3. Busca un orden para tus listas: por horarios, por prioridades o por lo que tú decidas.
4. Pon un asterisco al margen de lo que, sí o sí, tiene que estar hecho en el día.
5. Marca en fosforito las palabras clave. Por ejemplo, si la tarea es recoger un certificado, marca en fosforito la palabra «certificado».
6. Hazlas divertidas y atractivas: mezcla mayúsculas con minúsculas, colores, signos de exclamación y de interrogación. La finalidad es tener una lista atractiva, que apetezca leerla.
7. Escríbela con tiempo. O el día antes o a primera hora de la mañana. Si no es una lista de tareas para realizar en el día, como la que tiene un deportista con cosas pendientes durante la pretemporada —«llamar podólogo, acudir nutricionista, prueba de esfuerzo Federación, etc.»—, puedes colgarla en tu despacho o en un lugar visible.
8. Escribe al lado de la tarea los datos que te faciliten cumplir el objetivo: números de teléfono, persona de contacto o una palabra clave.

9. Una vez escrita, hazle una foto con el móvil y guarda la imagen... por si acaso se perdiera.
10. Empieza la lista con algo que comporte una dificultad media, luego sigue con lo que implique dificultad máxima y deja para el último momento del día lo más sencillo o lo más placentero.

Las listas pueden tener varias finalidades. En este capítulo vamos a rastrear emociones. No nos centraremos en listas del tipo «Qué tengo que comprar». Esas listas son muy sencillas, y basta con los diez puntos anteriores para escribirlas. Vamos a dedicar tiempo a los Top Ten que nos hagan felices. Las listas pueden dirigirse hacia el futuro: «Qué tareas y responsabilidades tengo pendientes para hoy»; o hacia el pasado: recogiendo grupos de situaciones, personas o recursos que han sido buenos compañeros de viaje y que no nos gustaría olvidar.

Las personas nos sentimos bien cuando experimentamos emociones como la alegría, el gozo, el orgullo, la complicidad, la risa, la seguridad, la comprensión y muchos otros estados emocionales. Nuestro cerebro y los neurotransmisores se vuelven locos de alegría. Se liberan endorfinas, adrenalina, dopamina y serotonina, y nos sentimos estupendamente.

La ciencia ha demostrado que no solo sentimos estos impulsos de felicidad en tiempo real, o sea, en el momento en el que estamos viviendo la experiencia, sino también con los recuerdos. Mirar un álbum de fotos, recordar episodios de juventud o escuchar una canción antigua pueden llevarnos a experimentar las mismas emociones positivas, y a que el cerebro se active de la misma manera, que si lo que nos evocan esas acciones estuviera ocurriendo de verdad. Por eso nuestras listas en forma de Top

Ten en este capítulo van dedicadas al recuerdo: cuáles fueron nuestros éxitos, qué personas hacen que nos sintamos bien, qué cosas o situaciones nos relajan, cuáles son nuestros mejores momentos en pareja y qué cosas pendientes tenemos.

Top Ten de mis éxitos

Momento libreta...

Recuerda cuáles fueron los diez éxitos que mejor te han hecho sentir, o que te generara más orgullo conseguirlos. No hace falta que estén ordenados del que más te impactó al menos importante. Solo se trata de evocar diez éxitos. Esta tarea tiene la finalidad de trabajar tu confianza, tu seguridad, que rememores que eres muy válido y que has conseguido cosas importantes.

Fíjate en algunos ejemplos de lo que, para distintas personas, figura en la lista Top Ten de sus éxitos:

1. Sacarme el carnet de conducir. Pensé que era nefasta para conducir y al final aprobé todo, y con cuarenta años. Mis hijos se sintieron muy orgullosos de que me sacara el carnet.
2. Conseguir la mínima marca para un Mundial. Había entrenado toda la temporada con muy buenas sensaciones, y la semana anterior al campeonato de España tuve una indigestión. Pensé que todo se iría al garete. Pero los dos días previos no hice más que pensar en lo que quería, en que deseaba ir al Mundial, y me dediqué a descansar y a recuperarme. Cuando vi mi marca, no me lo podía creer. La verdad es que me sentía débil, pero lo di todo.

3. Me siento orgulloso del equipo de trabajo que tuve en una empresa. Había complicidad, nos entendíamos muy bien. Éramos cinco personas con una escala de valores parecida y se notaba que disfrutábamos trabajando. Ser jefe en esas circunstancias fue muy gratificante.

Top Ten de las personas que me hacen sentir bien, las que me transmiten energía positiva

Hay personas que nos llenan, nos enriquecen, y cuya compañía es revitalizante, y otras que nos producen el efecto contrario. En momentos difíciles, cuando tienes un problema, tras una ruptura con un amigo o con tu pareja, o cuando quieres pasar un buen rato, es bueno recordar qué efecto producen en ti esas personas y en qué te pueden ayudar.

Momento libreta...

Fíjate en varios ejemplos de cómo algunas personas valoran en su Top Ten a quienes les hacen sentirse bien:

1. Mario. Hable de lo que hable con él, nunca me siento juzgado. No se trata de que esté de mi parte, sino de que escucha, se pone en mi lugar y me da ánimos. Me encanta su empatía. Sé que puedo contar con él de forma incondicional. Tiene mucho carisma.
2. Mi entrenador. Es una persona que tiene en cuenta mi opinión, confía en mí. Si atravieso por una situación difícil, siempre me da alguna explicación gracias a la cual no me siento culpable por no alcanzar los objetivos. Es inteligente y, cuando no entiendo algo, me lo explica de diferentes formas.

3. Mi compañero de habitación en las concentraciones. Me río muchísimo con él. Me dice siempre: «*Quillo*... qué buena gente eres»; y entonces me siento especial. Yo suelo agobiarme y él se ríe todo el tiempo; tanto, que se me olvida el partido del día siguiente.

Top Ten de lo que me relaja

Vivimos con prisa, con ansiedad, con exigencias, con perfeccionismo y con errores. Estamos expuestos continuamente al estrés. Y no es del todo negativo. El estrés nos permite reaccionar, permanecer en alerta y cumplir con muchos compromisos, mientras que, si estuviéramos completamente relajados, quizá no los alcanzaríamos. Por eso es necesario conocernos bien y saber qué actividades producen en nosotros emociones contrarias, que nos equilibran y nos relajan.

Momento libreta...

Fíjate en varios ejemplos de actividades relajantes que distintas personas incluyen en sus Top Ten:

1. Cocinar sin prisa. Me encanta dedicarme a inventar platos en la cocina los domingos, cuando no estoy presionada por el horario. Me tomo mi tiempo, pongo música, me sirvo una copa de vino y disfruto de cada paso.
2. Reír a carcajadas. En una cena con amigos, viendo una comedia, escuchando una tanda de chistes, asistiendo a un monólogo, recordando momentos en los que me he partido de risa... Reír me relaja.
3. Leer un libro al solecito en un parque. Y llevarme un termo con café. Y dejar que pase el tiempo. Y mirar a la gente y volver a hojear el libro. Y seguir leyendo.

Top Ten de los momentos románticos vividos en pareja

Muchas parejas se marchitan porque dedican más tiempo a lo que les separa que a lo que les une. Sus excusas son que no disponen de tiempo para dedicarse ratitos ni para realizar actividades juntos, como cuando eran novios y no tenían tantas responsabilidades. Es cierto. Pero si ponemos el foco de atención en vivir la rutina de la casa y no hacemos nada por avivar la llama de la pasión, cada vez estaremos más marchitos. Recordar los momentos románticos es una forma de llevar la atención a lo que se ha disfrutado, y así, sentir, emocionarte y apasionarte otra vez. Y quién sabe... quizá incluso repetir.

Momento libreta...

Fíjate en varios ejemplos de los Top Ten románticos de otras personas:

1. Una cena, al poco de conocernos, en un pueblecito con encanto. Recuerdo que nos dedicábamos tiempo. Hablábamos de todo con curiosidad, nos escuchábamos. Me acuerdo de su sonrisa y de la mía. El tiempo pasaba a cámara lenta.
2. Ir cogidos de la mano es una de las sensaciones más románticas que experimento con mi pareja. Me gusta sentir su complicidad, la temperatura de su mano y el tacto de nuestros dedos entrelazados. Me gusta pensar que seremos ese tipo de pareja que seguirá yendo de la mano toda la vida.
3. El regalo sorpresa cuando viajamos a ver una final a Madrid. No me lo podía creer. Era tan grande la ilusión que no paraba de pensar cuánto nos queríamos los dos.

Top Ten de tus cosas pendientes

Fantasear con el futuro también puede llenarnos de ilusión y motivación. Esta no es una lista de lo que tienes que hacer hoy. Es una lista de sueños por cumplir. No te agobies con los plazos. Solo habrá algunas actividades a las que puedas ponerles fecha. Pero no dejes nunca de soñar.

Momento libreta 10...

Fíjate en varios ejemplos de cosas pendientes que otras personas incluyen entre sus Top Ten:

1. Apuntarme a Pilates.
2. Un viaje romántico a Croacia y pasear por sus puertos y calas.
3. Cuidar mis desayunos antes de los entrenamientos, necesito levantarme con más tiempo. Me encantan las películas en las que hay de todo para desayunar.

Cada día experimentamos y vivimos cosas nuevas. Tener una historia de tus mejores recuerdos es la mejor manera de tener presente el pasado. Yo siento pena cuando en una reunión de amigos alguien dice: «¿Te acuerdas de cuando...?», y a mí se me ha olvidado. Me encantaría tener presentes todos los momentos.

Enseña a tus hijos, a tus jugadores o a tus empleados las ventajas de tener presentes los mejores momentos, las mejores personas que nos rodean o los recursos de los que disponemos. Además de ayudarnos a ordenar nuestra vida, afianzan la autoestima y generan emociones positivas.

3

Cuatro estados: sólido, fluido, gaseoso y el modo ON

> Locura es hacer siempre lo mismo y esperar resultados diferentes.
>
> Albert Einstein

Los estados de la materia son líquido, sólido y gaseoso. Las personas somos materia pero también tenemos otros estados. Unos son los relacionados con las emociones: apático, alegre, frustrado, emocionado, triste, irascible. Otros estados de las personas son los relacionados con la actitud, y pueden concretarse en tres: pasivo, acomodado y proactivo. Y luego está el «modo ON», que cuando se alcanza, sirve para salir del letargo.

Cuando tienes hambre, ese es tu modo ON para poder disfrutar de la comida. Cuando sientes deseo, es tu modo ON el que te facilita tener relaciones sexuales. Cuando tienes una idea brillante, se conecta tu modo ON, que te motiva y te sienta delante de tu ordenador a desarrollarla. Si sientes nostalgia, se activa tu modo ON, que te conduce a llamar a esa persona a la que echas de menos. Y si estás en un partido y te sientes fuerte, ágil y muy concentrado, se activa tu modo ON para disputar cada balón. El modo ON es el nivel óptimo de activación que permite a una persona estar en su mejor momento para llevar a cabo la acción que le conduce a la meta. El camino para alcanzar el modo ON depende de la finalidad que cada uno persiga.

El cambio de líquido a gaseoso o a sólido depende de variables como la temperatura o la presión. Es muy útil aprender de la física y la química. Solo tenemos que copiar lo que la naturaleza nos ofrece. Y lo que observamos son cambios. Porque el cambio es positivo. Y si quieres ser feliz, además de definir el trabajo del primer capítulo, necesitas encontrar el estado en el que serás capaz de actuar.

El agua no se enfría cuando está a cien grados, pero sí lo hace a menos de cero grados, cuando se convierte en hielo. El agua cambia su estado para conseguir metas: hervir o congelarse, como en este caso. ¿Y qué decir de una mariposa? Antes de lucir vistosos colores en sus alas ha sido un gusano encerrado en un horrible capullo. Cambios. No debe de ser nada agradable estar presionada y metida dentro de un capullo. Seguro que es incómodo y poco confortable, pero sucede. Pero la mariposa logra salir y volar.

Uno de los estados que anhelamos todas las personas es el de la felicidad. Pero no una felicidad entendida como vivir en un mundo rosa e irreal, sino como un estado general de paz, de equilibrio, en el que puedas ser tú mismo y sentirte a gusto con tu vida. La felicidad no debería ser un momento puntual y pasajero, sino un eje transversal en nuestras vidas. Ni siquiera debería ser el resultado de que todo esté alineado o el resultado de la ausencia de problemas. ¡Ni mucho menos! Lo ideal sería poder sentirnos felices a pesar de los obstáculos.

El estado que necesitas para generar cambios que te permitan ser feliz se encuentra lejos de la apatía. Permanecer acomodado puede servirte en ocasiones. Te permitirá disfrutar de lo que vas consiguiendo. Estar en esa zona tranquila en la que sientes que todo funciona nos da paz. No debemos rechazar la zona confortable para vivir en ella en algunos períodos. Pero no es el lugar para pasar el resto de nuestra vida. Considera la zona confortable como nos tomamos los descansos y las vacaciones. Sirve para desconectar, para no pensar cuando estás mentalmente saturado, para relajarnos. Tenemos momentos de desconexión a lo largo del día: durante un paseo, en el ratito en que leemos o vemos la tele, cuando nos relajamos comiendo y conversando con alguien, o mientras escuchamos música. Pero hay otros momentos a lo largo del día en los que necesitamos estar activos, descubrir, ser creativos, trabajar bajo presión, tomar decisiones y solucionar problemas.

Para ser feliz necesitas algo parecido: ratos en los que decidas no cambiar nada y disfrutar de lo que eres y de cómo estás, y otros momentos que requieren proactividad, cambio, poner de tu parte, esfuerzo, aspirar a más, superarte, pensar, fantasear e involucrarte. Lo llamaremos «Estar en modo ON». Despertamos los sentidos, nos orientamos con el cuerpo hacia el objetivo, y nuestra actitud se prepara para actuar.

Te presento a seis enemigos del modo ON: la pereza, la falta de voluntad, la inseguridad, la falta de planificación, la baja autoestima o la procrastinación. Y como la mejor manera de vencer al enemigo es aplicando una estrategia, te propongo algunas soluciones:

Contra la PEREZA. Ante la flojedad, la acción. Deja de utilizar la expresión: «Qué pereza me da...»; y sustitúyela por: «Venga, va, vamos; cuanto antes, mejor». Elige un adjetivo que se identifique con tu situación en modo ON, por ejemplo: «Soy capaz». Y actúa como lo que eres.

Deja de pensar en lo a gusto que te encuentras con tu pereza y piensa en que, cuando te actives, estarás mejor.

Y no escuches la voz interna que dice: «Quédate». Es tremenda. Tiene un montón de argumentos para convencerte. Actúa.

Contra la FALTA DE VOLUNTAD. La fuerza de voluntad consiste en hacer un sacrificio a corto plazo para obtener una satisfacción a largo plazo. Pero las personas somos impacientes y nos gusta que lo bueno suceda de inmediato; nos cuesta aplazar y autocontrolarnos. No nos apetece hacer algo poco placentero para recibir el premio dentro de unos meses o al cabo de un año.

Te servirá de ayuda visualizar el objetivo final y pensar cómo te sentirás en el futuro. Ten recuerdos visuales de lo que deseas ser. Puedes hacer un collage con todos los pasos que vas dando y con aquello en lo que te vas esforzando y que te acerca a tu meta.

Contra la INSEGURIDAD. Quizá tengas dudas sobre la dificultad, sobre tus capacidades, sobre tu talento. Es normal. Ante los cambios, todos tenemos esa inseguridad. Puedes interpretarlo como algo positivo. Te permitirá estar más centrado y alerta. El miedo a fallar hará que controles cada paso, que lo valores y que te muestres respetuoso. El exceso de seguridad nos lleva, muchas veces, a ser demasiado confiados y nos impide involucrarnos con la misma minuciosidad.

Contra la FALTA DE PLANIFICACIÓN. Las personas desorganizadas viven en un caos continuo. Son desordenadas, gestionan mal el tiempo, y todo ello les limita para llegar a ser eficaces. Se agobian cuando no logran sus objetivos, y su nivel de estrés y ansiedad son mayores que el que tienen las personas ordenadas.

Llevar una agenda, cumplir con las metas, no ponerse objetivos irreales, trabajar la concentración y desatender estímulos que restan atención, y poner tiempos a las actividades, pueden ser soluciones que te ayuden a gestionar mejor tu falta de planificación.

Contra la BAJA AUTOESTIMA. ¿No te ves preparado, no crees que vales lo suficiente como para conseguir el cambio? Que te falte seguridad para dar un nuevo paso es comprensible, pero que no te valores y te limites no lo es. Piensa en tus valores, en tus fortalezas, en las veces que te has superado, en historias de superación de otras personas, y valora realmente lo que somos capaces de hacer. ¿Por qué razón tú no vas a poder conseguirlo?

Contra la PROCRASTINACIÓN. No dejes para mañana lo que podrías hacer hoy. Normalmente, la procrastinación se acompaña de excusas del estilo: «Es difícil»; «No tengo ahora tiempo»; «Me falta información»; «Tengo que contactar antes con Fulanito»; «Me siento cansada»... Piensa que la procrastinación lleva un lastre mayor. La ansiedad que te genera la tarea cada vez que la postergas va en aumento. Mañana se te hará más cuesta arriba de lo que se te hace hoy. Te propongo cerrar o apagar todo lo que te distraiga: teléfono, correo electrónico, televisión e internet; y poner una hora de inicio. Crea un ambiente relajante a tu alrededor, ordena tu mesa, hazte un café y pon música agradable, y empieza a hacer lo que tenías pendiente. Empieza aunque solo sea para convencerte de que es posible iniciar esa tarea, empieza con la parte que dependa de ti, haz algo por poco que sea, de tal manera que mañana hayas avanzado y te sientas bien contigo mismo.

Amigos del modo ON son: la flexibilidad, la tolerancia contigo mismo, aprender de los errores en lugar de culpabilizarte por cometerlos, la capacidad de esfuerzo y la perseverancia. Cada vez que logres un cambio, cada vez que te sientas exitoso, piensa en qué compañeros de viaje te asistieron.

Y cuando todo falle, apela a la responsabilidad. No siempre encontrarás la motivación que necesitas, pero siempre podrás recordar cuáles son tus valores.

¿Cómo activarte para encontrar tu modo adecuado de activación? Decíamos que cada meta necesita de un estado. Y ese estado es algo que tú puedes provocar trabajando, sobre todo, tu cuerpo y tus emociones. Hay metas que requieren calma, quietud y serenidad, y otras que necesitan un combustible más potente. Me refiero a tener garra, estrés positivo, fuerza y energía.

Estas son algunas de las acciones que suelen activar a muchas personas:

- Escuchar música que me ponga las pilas, que me transmita energía positiva.
- Ponerme un vídeo motivador, de alguien que se supera.
- Ver películas de historias de superación personal.
- Ponerme el vídeo de un partido en el que lo di todo, ver mis goles o una carrera en la que arranqué de atrás y fui ganando puestos.
- Ver cómo baten récords deportivos.
- Pensar en el himno de mi país y verme en el podio con la medalla de oro y completamente emocionado.
- Recordar un éxito profesional y cómo me felicitaron mis compañeros y mi jefe.
- Traer a la memoria hechos emotivos.

- Escuchar el discurso de algún líder que me remueva las emociones y me ponga los pelos de punta.
- Ponerme de pie, tensar mis músculos y dar alguna palmada vigorosa. Sentirme fuerte.
- Hablarme en términos positivos y motivadores: «Venga, venga, venga, va, va, va».
- Hablar con alguien que haya conseguido lo que yo mismo deseo hacer.

Si buscas un estado de tranquilidad para entrar en tu modo ON, aquí tienes otros ejemplos:

- Crear un ambiente laboral que relaje: ordenar, tener luz, poner flores...
- Realizar el ritual del té o del café.
- Tener una pizarra en la que anotar disparates, en la que ser creativo, en la que no se me escapen ideas.
- Leer.
- Escribir.
- Practicar alguna técnica de relajación, antes de tener un momento que pueda generarme tensión.
- Escuchar música clásica.
- Tener tiempo para hacer lo que necesito.
- Respirar, cerrar los ojos cinco minutos y desconectar.

Momento libreta...

Piensa en tu meta. Anota al margen el estado y la actitud que te facilitará alcanzarlo, y elabora una serie de acciones que te ayuden a conseguirlo. Luego emprende tu proyecto, actúa, empieza a poner en práctica esas acciones. Puedes guiarte por los ejemplos de estas dos personas:

Ejemplo 1. Atleta olímpico

Mi meta es competir este año en el Mundial.

Necesito estar activado durante la temporada, con fuerza para poder cumplir unos entrenamientos muy exigentes.

¿Qué cambia mi estado? Verme en otras competiciones me pone las pilas, me motiva. Entrenar con música: suelo hacer una selección que escucho en los rodajes largos. Imaginar mi emoción cuando cruce la meta y haya logrado la medalla que tanto deseo.

Ejemplo 2. Delegado de laboratorio farmacéutico

Mi meta es salir a correr por la mañana; es el único momento en el que podría sacar un poco de tiempo para hacer ejercicio.

Necesito fuerza de voluntad y que no me dé pereza cuando suene el despertador.

¿Qué cambia mi estado? Poner la música de la película *Rocky* mientras me lavo los dientes. Imaginarme llegando a casa agotado y satisfecho.

Otro obstáculo que bloquea tu estado «emprendedor» puede ser tu pasado. Cuando has intentado algo y no te ha salido, tu memoria te recuerda que no eres capaz de conseguirlo y que ya fracasaste. No nos gusta fracasar, no nos gusta lidiar con las emociones negativas resultantes del error, así que nos cerramos a la oportunidad de intentarlo de nuevo. Si este es el motivo que bloquea tu estado, haz el siguiente ejercicio como si no tuvieras memoria, como si no tuvieras un pasado. Lo que buscamos es que un puñado de recuerdos no condicionen tu futuro.

El ejercicio consiste en seguir estos consejos para gestionar tu anterior fracaso:

1. Haz borrón y cuenta nueva. Anota tu fracaso en una hoja y rómpela, tírala o destrúyela. Como prefieras.
2. Acepta tu error: «¡Sí, me equivoco, *I love* fracasar!».
3. Dejar de interpretar. Un error no dice nada de ti. Solo dice que lo intentaste. Lo que habla de ti de forma positiva es actuar de nuevo.
4. Dejar de adivinar, sobre todo si te dedicas a anticipar un nuevo fracaso. Limítate a actuar. ¡Eso ya es mucho!
5. Piensa más en lo que esperas de ti, que en lo que te obligó a abandonar el camino la vez anterior.
6. No tengas expectativas negativas. Déjate llevar. Quejarte por lo desgraciado que eres, lamentándote por lo que anhelas... eso no es construir, es victimizarse.

Los cambios necesitan movimiento, y este, energía. La energía la pones tú. Y si no la tienes, la buscas. Está más que demostrado que somos capaces de generar estados emocionales con una rapidez sorprendente, en un pispás. Un comentario gracioso te saca del llanto y consigue que rías a carcajadas. Sentirte en peligro en una situación te lleva a correr cuando estabas cansado, o un simple elogio permite que creas en ti cuando estabas dudando. Somos capaces de lo que queramos. Pero tienes que responsabilizarte de tu modo ON.

4

Las copas de la abuela Eva viven el presente

—¿Qué día es? —preguntó Pooh.
—Es hoy —contestó Piglet.
—¡Ah, mi día favorito! —dijo Pooh.

A. A. Milne, *Winnie the Pooh*

Mi abuela estaba enamorada de unos vasos de colores que utilizamos a diario. Me gusta comer con platos y vasos bonitos, me gusta la decoración colorida y desigual: vasos, copas y platos diferentes. Me gusta sentarme a la mesa como si tuviera algo que celebrar cada día. Mi abuela, de noventa años, me pidió que para Navidad de 2015 le regalara unos vasos iguales. Y me pareció que con noventa años no tenía que esperar a Navidad para recibir ese regalo. Así que en el mes de julio le compré unas copas preciosas, verdes y amarillas.

Yo soy de las que estrenan todo en cuanto pueden, vamos, que me faltan segundos para llegar a casa, meterlas en el lavavajillas y ponerlas en la mesa en la siguiente comida... y subir mi foto a Instagram. Le pregunté a mi abuela al día siguiente si las había estrenado, y cuál fue mi sorpresa cuando me contestó que eran preciosas y que le daba pena utilizarlas, y que las guardaría para un momento especial. Y yo pensé: «¡Alma de Dios, pero si con noventa años cada segundo de tu vida debería ser un momento especial!». Y al ratito me di cuenta de que mi abuela es tan optimista y vital que quizá tiene pensado enterrarme y vivir treinta años más.

Ni lo uno ni lo otro. Mi abuela tiene la capacidad para disfrutar del presente y también piensa en que es joven y que aún tiene que dar mucha guerra. Pero su generación se ha educado para ser feliz solo con los grandes acontecimientos. La felicidad de las mujeres de esta generación dependía de casarse bien, de tener hijos, de los ascensos de sus maridos y de los suyos propios cuando ellas trabajaban, del bautizo, de la comunión y de las bodas de sus hijos, de tener nietos y de las cenas de Navidad en familia en las que se sacaban «la vajilla y la cristalería buenas». Las buenas eran las caras, las que les habían regalado en la boda.

La felicidad, hasta hace poco tiempo, solo estaba relacionada con la consecución de objetivos, pero no con el disfrute del camino. Vivir el presente era algo secundario, ¡con la de cosas importantes en las que había que pensar durante el día! Que si se cae un hijo, que si alguien enferma, que si un compañero del trabajo no me traga, que si hay tráfico, que si la vecina se acuesta con fulanito mientras el pobre del marido se rompe los cuernos trabajando, que qué hago de comer, etcétera, etcétera. La felicidad hasta hace bien poco estaba al final del camino. Incluso hoy en día, son muchas las personas que esperan hasta su jubilación para poder hacer lo que llevan soñando toda su vida y no se han permitido realizar porque había que compaginar la casa, el trabajo, ahorrar y sufrir hasta que los hijos se colocaran en un trabajo, se casaran y tuvieran hijos.

El sacrificio que han realizado muchos padres hasta que sus vástagos tuvieran asegurado el futuro ha sido muy duro. Les ha supuesto renunciar a unas vacaciones en el Caribe, prescindir de salir a cenar a un restaurante con su pareja, descartar aficiones que consideraban un lujo... y todo con el fin de ahorrar.

Esto ha cambiado. Desde hace un tiempo, y basándonos en corrientes budistas, orientales o filosóficas, o a través de la psicología positiva, nos estamos orientando y entrenando para disfrutar de cada momento de nuestras vidas. No es que los grandes acontecimientos hayan perdido valor, es que los detalles diarios lo han ganado. Y esto ocurre tanto en la vida personal como en el ámbito profesional.

¿Has tenido la oportunidad de ver la película *Kung Fu Panda*? Es muy ilustrativa. Tiene esa parte infantil y divertida para que los niños la disfruten y esa otra lectura reflexiva que dejan todas las películas de Disney para que los adultos nos demos cuenta de lo confundidos que andamos por la vida. En un momento de la película, el Maestro Tortuga le dice al Panda: «Te preocupas demasiado por lo que fue y por lo que será. Hay un dicho: "El ayer es historia, el mañana es un misterio, sin embargo el hoy es un regalo. Por eso se le llama presente"».

Es fácil y sencillo de comprender, pero qué incapaces somos de hacerlo. Y siempre tenemos una excusa: «Es que no llego»; «Es que no me organizo»; «Es que llevo todo para adelante»; «Es que estoy muy ocupado»... y entre tantos «es que», el presente, sin barrer.

Una solución para vivir en el presente es ponerse al día en *mindfulness*. En castellano la palabra significa «conciencia plena», y para alcanzarla, entre otros ejercicios de meditación y respiración, tenemos que entrenar la capacidad de disfrutar el presente. El «ahora», el «esto», el «aquí» o el «momento», son palabras que utilizamos como anclaje para acordarnos de qué tenemos que prestar atención. Perdemos la capacidad de estar presentes, no en cuerpo pero sí en alma, porque hemos entrenado demasiado el cerebro para la multitarea. Queremos hacer varias cosas a la vez pensando que así ganamos tiempo, pero lo que ganamos es estrés y pérdida del disfrute. Es imposible tomar conciencia de todo lo que te despierta una cena, una carrera o una reunión de trabajo si no le prestas atención.

Hay tres enemigos que impiden vivir en el presente. El primero es el móvil, que ya no es un móvil, sino un hombre orquesta. Hace de todo, te informa de todo y, si no lo utilizas bien, te somete. El segundo enemigo son nuestros juicios de valor constantes sobre lo que hacemos. Buscamos un significado a todo para sentirnos tranquilos. Es normal etiquetar, y hacer juicios de valor nos permite anticiparnos y protegernos, pero también nos condiciona lo que vivimos, elimina el factor sorpresa y nos impide vivir con intensidad. Lo conocido pasa de largo porque lo juzgamos: «Esto ya lo conozco y es malo, bueno, frío, caro, absurdo...»; no le damos otra oportunidad, y al juzgarlo y clasificarlo, dejamos de observarlo y vivirlo de forma plena. Y el tercer enemigo es la prisa: ¡si supieras lo poco que ahorras cuando vas corriendo!

Vivir el presente no significa vivir de forma temeraria: consumir todo el alcohol por si mañana no puedes beber; acostarte con todas las personas sexis por si mañana se acaba el mundo; ser sincero de más, o sea maleducado, por si mañana no tienes la oportunidad de decirle lo que piensas a esa persona. Vivir el presente significa quietud, elegir el ritmo de un momento determinado, despertar los sentidos mientras realizas cualquier actividad, observar y descubrir lo nuevo. Siempre hay algún detalle que se nos pasa de largo. Yo he visto películas varias veces porque me encantan, y cada vez que las vuelvo a ver, descubro un detalle en el que anteriormente no había reparado.

Vivir en el ahora significa disfrutar de las personas y de los momentos. ¿Qué puede ayudarte a conseguirlo? Estas son algunas de mis propuestas:

- Desconecta el móvil cuando estás en una reunión, en una comida, paseando con el perro o hablando con cualquier persona. El móvil es un potente instrumento de distracción. Nos hemos acostumbrado a contestar WhatsApp mientras hablamos con alguien, como si fuera algo normal. Y no lo es, es una conducta grosera y demuestra una falta de interés hacia la otra persona. Si tratas de contestar en dos registros al mismo tiempo, no estás atento a ninguno de los dos. Y deja de excusarte con que es importante o que solo es un segundo. Ten en casa un rincón de desconexión en el que dejar los móviles para los momentos en los que compartís conversaciones y comidas con la familia. Si dejas el teléfono en la mesa, al final terminas utilizándolo.

  Propón también, a tus amigos y compañeros de trabajo, dejar el móvil en el bolsillo, fuera de la reunión o en cualquier otro lugar donde la tentación de mirarlo esté controlada.
- Adopta una postura relajada. Sonríe, mira a los ojos, abre tus brazos, siéntate de forma cómoda, como si fueras a disfrutar muchísimo del momento. Deja de preocuparte de la hora que es.
- No guardes nada para los momentos especiales, porque todos lo son. Sal a la calle con la mejor ropa interior que tengas, estrena esos zapatos que estás reservando para la ocasión que nunca llega, abre un buen vino para una cena dia-

ria con tu pareja, compra flores frescas de vez en cuando y deja que tu casa se inunde de olores, cuida los detalles en casa a la hora de poner la mesa o arréglate para estar a gusto contigo mismo.

- Verbaliza qué está ocurriendo. Cuando estés solo, puedes hacerlo en voz alta. Háblate a ti mismo verbalizando todo de lo que estás disfrutando. «Me gusta mi casa, mi cocina es acogedora, qué rincón tan mono tengo en la oficina, me encanta cómo me está quedando este informe, estoy entrenando genial hoy y me siento fuerte, me gusta la sonrisa de mi marido cuando le miro al despedirme.» Trata de hablar hacia adentro o hacia fuera en el momento en el que está ocurriendo, en el aquí y en el ahora. No lo hagas a modo de repaso del día o de recuerdo. Hazlo mientras transcurre, cuando de verdad está sucediendo. Es una técnica que funciona para mantener la atención y disfrutar de lo que sucede.
- Busca una expresión clave como «estás presente», «ahora» o «metido», para volver a la «tierra» y estar en cuerpo y alma cuando te encuentres divagando sobre un error del pasado, sobre pensamientos absurdos o planificando un futuro que te impide disfrutar del momento actual. Esa palabra tiene que recordarte lo importante que es vivir este momento que no tiene repetición. Ningún momento lo tiene, no los ningunees.
- Trata de vivir descubriendo. ¿Qué me ofrece este momento, esta persona o esta experiencia que estoy viviendo ahora? Olvídate de lo que tienes que hacer después, descubre lo que tienes ahora. Despierta tu curiosidad. No percibas tu alrededor como algo normal, regalado o que te viene dado. Nos hemos acostumbrado a un nivel de bienestar y

calidad de vida en los que hemos terminado por normalizar cosas maravillosas. Ya no tienen valor porque están ahí cada día, y con la costumbre, dejamos de apreciarlas. Cuando viajas y te vas de vacaciones, te asombras con todo lo que ves diferente: la naturaleza, los sonidos, los olores, la gastronomía o los paisajes. Todo nos parece asombroso, pero seguro que a sus habitantes no. Porque ese entorno forma parte de su «normalidad». Para ellos es normal verlo cada día, y con ello, deja de disfrutarse.

Recuerdo un día en el que decidí vivir el presente, fue algo consciente. Estaba comiendo como cada día en la misma cafetería, haciendo lo de siempre. Recuerdo que pedí unos mejillones en escabeche, un plato de jamón y una copita de vino. Era mi comida habitual. Y mientras, leía el *Marca.* Tenía el mismo ritual cada mediodía. Me relajaba y era mi momento de desconexión del trabajo. Ese día la cafetería estaba abarrotada y entró un extranjero, un finlandés, de esos que vienen a Granada en viajes organizados, los dejan en la ciudad y luego los recogen en el punto de encuentro. Los extranjeros tienen por costumbre compartir mesas, así que se sentó en la mía porque todo estaba lleno. Era una mesa alta, de tapeo, no una mesa formal. Que se sentara me molestó, de alguna manera irrumpía en mi momento perfecto. Pero encima, empezó a hablarme, como quien no tiene nada que hacer y busca entablar conversación. Esto me sentó todavía peor. Pero el hombre, con cara amigable, trataba de vivir el momento, de empaparse de Granada, de sus tapas y de su gente. En un momento determinado, cerré el periódico, le miré a los ojos y me dije: «Patri, escucha. Este hombre está hoy aquí y dentro de un rato se habrá ido». Así que me enteré de que era un marinero que había dedicado al mar toda su vida. También me dijo que yo tenía un ángel, como todas las personas, y que lo llevo en la espalda. Me preguntó qué nombre le quería dar y le dije que «Cuatro», ya que me encanta el número cuatro. Fue una experiencia increíble y tuvimos una conversación interesantísima. Me la hubiera perdido si no hubiera estado atenta.

Para vivir el momento necesitas, sobre todo, tomar conciencia de ello. Por eso es importante tener una palabra que te recuerde el objetivo. Una de las consecuencias más importantes de vivir en el ahora es el goce que ello genera. Es imposible disfrutar de lo que vives cuando tienes la atención dividida, pero al estar pendiente de lo que pasa y fusionarte con tu ahora, terminas por descubrir sensaciones que pasaban desapercibidas.

Momento libreta...

Ahora coge tu cuaderno *Cuenta contigo* y, para entrenarte en vivir el presente, realiza estos dos ejercicios:

1. Haz una lista de todo lo que estás guardando para la ocasión perfecta. Y elige momentos cotidianos para estrenarlo y usarlo. No te preocupes de si se rompe o se estropea. Las cosas tienen más solera cuando están utilizadas. Por ejemplo:
   - Algo de ropa nueva que está por estrenar.
   - Dormir con un pijama chulo en lugar de esa ropa desgastada.
   - Utilizar la cubertería, los platos y la cristalería que están llenos de polvo esperando la Nochebuena.
   - Un bolígrafo bueno que tienes en el cajón y que no lo usas porque es caro y tienes miedo de perderlo.
   - Arréglate como si fueras a encontrar al hombre o a la mujer de tu vida cuando vayas hoy a comprar al mercado.
   - Ponte tu perfume para estar en casa.

- Prepárate el té como si tuvieras invitados, aunque solo vayas a tomártelo tú.
- Ordena tu mesa de despacho para disfrutar del orden.
- Enciende unas velas para cenar.

Elige cada día un objetivo que te ayude a disfrutar más de tu presente y reflexiona acerca de cómo te sientes.

2. Lleva en tu libreta un diario de momentos presentes disfrutados. Cada vez que hayas fluido y hayas estado atento a tu momento, anótalo. He aquí algunos ejemplos:
   - En el trabajo: decidí quitar el sonido al correo entrante, cerré todas las pestañas de internet, me preparé un café y me puse a redactar un trabajo que tenía que entregar. Experimenté una mayor concentración, me fluían las ideas y fui avanzando con una tarea que había postergado. Me sentí bien y orgulloso de cada paso que daba.
   - En el deporte: decidí centrarme durante el entrenamiento en las sensaciones y aparté por completo la idea de conseguir objetivos. Hacía tiempo que no me fijaba en el sonido del balón cuando bota, el tacto rugoso de la pelota, el ángulo de mis brazos cuando lanzo un tiro libre. Mi objetivo eran mis sensaciones, lo que oía y sentía. Se me pasó el entrenamiento volando, buscaba y encontraba cosas. En ningún momento pensé si mi tiro era erróneo o si estaba entrenando bien, solo me dejé llevar por las sensaciones que me proporcionaba el tocar, botar y escuchar.
   - En tu vida cotidiana: mientras cenaban mis hijos, decidí sentarme con ellos y dejar de decirles: «Venga, va, cenad más rápido». Normalmente me agobio con lo lentos que son. Decidí prestar atención a sus caras, blancas como la porcelana, sin manchas,

sin granos, sin arrugas, caras lisas de niños. La expresión viva de sus ojos y su curiosidad con todo: «Mamá, ¿es verdad que...?». Iba contestando sus preguntas, riéndome con sus tonterías y disfrutando de la cena. No sé cuánto tardamos en cenar, estaba completamente metida en el momento. Fue genial.

Llevar anotaciones de lo que has logrado permitirá estar más pendiente de ello.

La capacidad de estar atento a lo que ocurre a nuestro alrededor es algo que todos seríamos capaces de conseguir si lo entrenásemos.

Le dije a mi abuela que me pasaría cada día por su casa y que rompería cada copa que no estuviera utilizando, y que al día siguiente le compraría otra igual o diferente, pero también preciosa. Así que las copas de mi abuela ya disfrutan del presente, en lugar de cubrirse de polvo en una repisa, viendo la vida pasar.

5

Ni contigo ni sin ti tienen mis penas remedio

Rema en tu propio barco.

Eurípides

Si ni contigo ni sin ti tienen mis penas remedio, lo mejor es no contar con nadie. Y es cierto, las personas nos sirven de apoyo, pero no son las soluciones que necesitan nuestras penas. Muchas personas no se responsabilizan de sus vidas apelando a excusas como: «Es que como no vienes conmigo»; «Es que como tengo que ir solo»; «Es que así es aburrido»; «Es que necesito alguien que tire de mí». Utilizan la excusa de que están solos. La excusa permite que te tranquilices porque da un motivo para no realizar algo. Y hace que te sientas menos culpable y controles el remordimiento. Si tienes un pretexto, tienes un motivo que te limita e impide que te responsabilices y te involucres con tu vida.

Cualquier cambio pasa por la dicotomía entre lo que debo y lo que me apetece hacer. «Lo que debo» forma parte de la responsabilidad, y también forma parte de lo incómodo. Incluye postergar placeres a corto plazo para sacrificarte en el momento presente. En cambio, «lo que me gustaría hacer» es nuestro diablillo. Consigue que sigamos en la zona confortable, sin trabajo, sin esfuerzo y protegidos. Produce mucho gusto a corto plazo, pero también despierta sentimientos, como el remordimiento y la culpa, por no ser responsable. Una excusa, al fin y al cabo, es un engaño. Y no hay nada más triste que el autoengaño. Con él reducimos nuestras emociones negativas y evitamos el sufrimiento. Pero sin ese malestar, no hay cambio.

Las personas generamos relaciones de dependencia. No solo con la pareja, sino también con los hijos, los padres, los amigos y los compañeros de trabajo, e incluso con el jefe, con profesores y entrenadores. La dependencia no siempre es fruto del amor, de sentirse solo o abandonado, hay cosas que no pueden realizarse sin otra persona. También existen otros beneficios detrás de las relaciones de dependencia: ser más eficaz, más resolutivo, estar más motivado o feliz si alguien te acompaña o participa contigo en alguna actividad. Hay relaciones de dependencia que buscan que el otro tome la iniciativa para secundarle. Y cuando el otro abandona o no asiste una tarde a su entrenamiento, también dejas de hacerlo tú. Cada vez que utilizas el pretexto de que no cuentas con nadie, te sientes mejor. Y eso te relaja. Pero estarías mucho mejor si no buscaras excusas y actuaras tú solo.

Contar con la gente es genial, pero no puede ser determinante, ni el motor para ponerte en marcha. La situación ideal pasaría por ser capaz de hacer algo tú solo, poder disfrutarlo, y si se añade alguien, bienvenido sea. Pero que tu implicación, tu compromiso y tu felicidad no dependan de si vienen o se quedan.

Sensación de ridículo

Uno de los miedos a hacer cosas solos (comer solo, cenar solo, ir al cine solo o viajar solo) es que nos invada la *sensación de ridículo*. Las personas se preocupan por el «qué pensarán los demás» si los ven hacer actividades que a priori «deberían» realizarse acompañado. Podrían llegar a la conclusión de que «no tengo amigos, estoy colgado, soy un tipo raro». Lo cierto es que eso es lo que tú pensarías de alguien cuando lo ves solo en el cine. Son tus prejuicios. Pero no tienen nada que ver con los juicios de valor que hacen los demás. Y si es así, ¡qué más da! Ni los conoces ni los conocerás en la vida. Y puede que a muchas otras personas que están en el cine les sirva de ejemplo y hagan reflexiones del tipo: «¡Olé, qué personalidad!, se viene solo al cine y le da igual; ya me gustaría a mí ser tan decidido».

Solución: atrévete a ponerte en situaciones que te parecen ridículas. Empieza por las más sencillas, como tomar un café en una terraza soleada. Haz una lista de todo aquello que te da vergüenza hacer solo y enfréntate poco a poco a todo. Valora después de cada exposición tu nivel de ridículo, tu nivel de bienestar, aquello que disfrutaste y si fue tan tremendo como parecía al principio.

Timidez y déficit en habilidades sociales

Otro motivo por el que no te arrancas a ir solo es tu *timidez* o tu *déficit en habilidades sociales*. «¡Cómo voy a llegar sola a una clase de bailes latinos, nadie querrá bailar conmigo! Imagínate, no sé con quién podría entablar conversación ni de qué hablar, me quedaría sola sin saber cómo relacionarme.» Pues te aguantas.

La mejor manera de vencer la vergüenza es exponerte a situaciones en las que te ves obligado a relacionarte. Si acudieras a estas clases con una amiga o con tu pareja, terminarías relacionándote menos con los demás, te perderías a personas interesantes porque seguirías en tu zona confortable, que es relacionarte con quien es cómodo para ti, tu amiga o pareja.

Solución: busca actividades que te obliguen a relacionarte con personas: teatro, baile, senderismo, viajes organizados o clases de cocina, por ejemplo. Haz una lista de todo lo que necesitas a nivel social: iniciar conversaciones, mantener el contacto ocular, sonreír a la gente y escuchar con pausa; y elige el comportamiento por el que vas a empezar. Todo se entrena, y sobre todo las habilidades sociales.

Puede que te afecte el qué dirán, pensar si estarás a la altura o si caerás bien en el grupo. Si sonríes, eres prudente, escuchas, te interesas por los demás y sigues una conversación, seguro que caerás bien. Las personas que tienden a caer mal son las sabelotodo, las que no dejan intervenir a los demás, las que se muestran serias y tienen cara de pocos amigos y las soberbias, egocéntricas e inflexibles.

Para caer bien en un grupo, al principio, es muy sencillo. Acepta la idea de que puedes caer mal... y de que puedes caer bien. No luches contra este pensamiento, déjalo estar y centra tu atención en sonreír. Las personas risueñas nos caen bien. Si piensas en que no tendrás éxito en el grupo, lo normal es que estés pendiente de ese tipo de señales (quién te mira con desconfianza, quién no te sonríe), pero si pruebas a hacer lo contario, anticipar que vas a estar a gusto, te fijarás en miradas cómplices y en sonrisas, y sabrás quién te invita a formar parte.

Pereza

Un tercer motivo para no hacer cosas solo es la *pereza*. Se da cuando necesitas que alguien te anime y te saque del sillón. Es cierto que motiva más contar con otros. Si sales a correr, de alguna forma el compromiso adquirido con otra persona también genera en ti esa responsabilidad, y alguna mañana en la que tú hubieras tirado la toalla, la idea de no dejar colgado a alguien te empuja.

Solución: define un objetivo que te motive. Si no lo hace la meta, busca que te motiven los pasos que te acercan a ella, o las sensaciones, o cualquier otro estímulo. Y utiliza tu fuerza de voluntad. Tienes tanta como cualquier otra persona, lo que ocurre es que no estás acostumbrado a utilizarla. Tienes que desempolvarla y creerte que está contigo. Si te anticipas pensando que no tienes voluntad, esta misma idea se habrá convertido en tu excusa. Sí la tienes, úsala.

Aprobación por parte de los demás

Un penúltimo motivo para lanzarte a hacer cosas en solitario es el miedo a no contar con la *aprobación por parte de los demás*. Hay personas con grandes iniciativas e ideas brillantes que son incapaces de emprenderlas por falta de apoyo. Este no siempre es económico, también puede ser de tipo moral: «A los demás no les parece que mi idea sea tan buena, piensan que es muy complicado llevarla a cabo, dicen que me va a costar muchísimo y que a corto plazo no veré beneficios». Para Einstein, «los que dicen que es imposible no deberían molestar a los que lo están haciéndolo». Así que deja de escuchar a quien boicotea tu sueño. Pon los pies en la tierra, ten sentido común, pero no dejes de soñar. La única aprobación que necesitas es la tuya. Siempre hablando desde el marco de la sensatez, el sentido común y la responsabilidad.

Solución: valora los pros y los contras de lo que vas a emprender. Considera si se trata de un riesgo valiente o temerario. Piensa en el tiempo, la inversión y la energía que necesitas para llevarlo a cabo. Si te apasiona de verdad, trata de planificarlo con sentido común. Hay objetivos que pueden alcanzarse en un día y otros que necesitan años. Lo importante es empezar a dar pasos.

A los que te dicen que estás loco, escúchalos de forma constructiva: ¿qué están intentado decir? Ten en cuenta las opiniones de los demás, pero no dejes que te limiten. Piensa si tienen razón, si deberías tener algo más en cuenta, si son comentarios que buscan que profundices más. A veces la pasión nos ciega e impide que veamos fallos o problemas que pueden surgir. Esos fallos o problemas no tienen por qué ser motivo para abandonar, solo para que busques soluciones, y para que completes y perfecciones tu idea brillante.

Baja autoestima

Hay personas que insisten en mantener la falta de autonomía y seguir dependiendo de otros por un problema de *baja autoestima*. Son personas que sienten que no son capaces, que no están preparadas, que les faltan recursos, que no se valoran y que creen que con la ayuda de otros todo será más fácil.

Solución: son varias las acciones que pueden llevarse a cabo para superar la baja autoestima:

- Deja de contemplarte como la media naranja de algo. Eres una fruta completa.
- Deja de hablar mal de ti mismo y empieza a verbalizar en positivo sobre ti: «Soy capaz de hacerlo solo, no importa si me equivoco, lo que importa es ser valiente e intentarlo».
- Contempla el fracaso como parte de tu camino. Si piensas que un fracaso te hundiría más y provocaría críticas por parte de los otros, estás muy equivocado. Las personas valoramos mucho más a los valientes y a los que se equivocan, que a los acobardados con una vida predecible y controlada. ¿A quién le gustan los Flanders? A nadie, nos gustan los Simpson.

Tenías cinco excusas: sensación de ridículo, timidez, pereza, aprobación por parte de los demás y baja autoestima. Ahora también tienes cinco soluciones.

Momento libreta...

A nivel general y para vencer los miedos puedes preguntarte:

- ¿Qué es lo peor que me podría pasar si hiciera esto solo?
- ¿Puedo asumir ese riesgo?
- En caso de que suceda, ¿puedo poner soluciones, o se trata de un riesgo con un punto de no retorno?

- Lo que ahora me parece tan importante, ¿lo será también dentro de unos días? A priori y a punto de dar el paso, todo parece salirse de madre, pero pasados los días nos damos cuenta de que en el planteamiento inicial fuimos tremendistas.

¿Te ha ocurrido alguna vez? Busca cuál es tu motivo y pon solución. Con papel y lápiz.

También te puede ayudar imitar a los que sí lo lograron. Busca un modelo, un ídolo, alguien a quien imitar. Indaga en internet, lee, busca documentales y películas de historias reales. Quédate con los ejemplos de quienes dieron solos el paso. ¿Con qué contaron? ¿Fue la creatividad, la decisión, la pasión por lo que hacían, la necesidad de preservar la salud, la ambición de querer ganar?

Una vez leí la historia espectacular de una mujer valiente, que consiguió su objetivo y su récord sola. Bueno, sola del todo no, con sus perros que tiraban del trineo. Susan Butcher fue *musher*, que es precisamente el nombre que se da a quienes conducen un trineo tirado por perros. Hasta que ella no empezó a participar en ese tipo de carreras, solo lo hacían los hombres.

Susan Butcher se convirtió en la revelación y revolución de la Iditarod, una carrera de 1.800 km en la que se recorren grandes e inhóspitas superficies de hielo ártico. Transcurre por las cordilleras de Alaska a temperaturas inferiores a –70 °C. Con viento, tempestades y todas las condiciones climáticas adversas que se puedan imaginar. ¡Esto sí que es una buena salida de la zona confortable! Solo corres tú con tus perros. Susan se hizo merecedora del respeto de todos los *mushers* no solo porque ganó y porque se atrevió a correr esta carrera sola, sino porque fue capaz de cambiar la preparación de sus perros y de ella misma para ganarla.

La carrera es larga, son entre nueve y quince días lidiando con la climatología y los perros. Hasta que ella empezó a entrenarse para participar, la carrera se corría siempre igual: doce horas corriendo y otras doce horas de descanso. Decidió que sus perros entrenarían como lo hacen los deportistas de alto rendimiento, con descansos, con preparación física y cuidándolos y mimándolos mucho. Y modificó los períodos de descanso y actividad. En lugar de hacerlos cada doce horas, decidió correr entre cuatro y seis horas, ininterrumpidamente, sin dormir en toda la noche. Ganó durante cuatro años consecutivos y luego falleció de leucemia.

¿Qué hizo grande a Susan? Su valentía, su creatividad, no necesitar a nadie, ignorar a los que desconfiaron de una mujer para cumplir con este tipo de retos, centrarse solo en lo que la apasionaba y entrenar y esforzarse. Sola.

Cuando lees historias como esta, primero te emocionas, luego sueltas alguna lágrima, te llenas de energía porque aprendes que si algunas personas no tienen límites, tú tampoco, y cuando te tocan las emociones, te preparas y actúas para llevar a cabo tu cambio. Y lo haces solo.

Antes de terminar este capítulo, me gustaría que dejaras de preguntarte qué necesitas tú de los demás y pensases en quién necesita de ti. Cuando una persona consigue resolver sus situaciones con autonomía, pasa a un nivel superior. No solo deja de necesitar a otros, sino que es capaz de colaborar en el bienestar de terceros.

¿Qué puedes hacer tú por los demás? Hacer cosas por los demás eleva las emociones. Hacer cosas por uno mismo te permite disfrutar; pero regalar, ser generoso y altruista, provoca emociones muy superiores. Los beneficios del altruismo son muchos. Aquí tienes cinco:

1. El altruismo es una fuente de bienestar y felicidad. Es imposible hacer un acto de generosidad sin sentirte bien contigo mismo.
2. Cuando consigues que alguien mejore su bienestar, inmediatamente mejora el tuyo.
3. El altruismo y la bondad se refuerzan porque tú también te sientes bien ayudando a la gente. Es el famoso «egoísmo» del altruismo. Es placentero de por sí.
4. Está demostrado que las personas disfrutan más regalando que recibiendo regalos. El hecho de pensar en el otro, ver la cara del que recibe tu regalo, emocionarse por acertar y recibir un agradecimiento, no tienen precio.
5. Las personas benevolentes y bondadosas presentan niveles muy altos de felicidad y bienestar.

Dice un proverbio árabe que quien quiere hacer algo encuentra un medio, y quien no quiere, encuentra una excusa. Los demás pueden desconfiar y dejar de creer en ti, tú no. Pueden no acompañarte, tú no. Tú eres tu apoyo, tu muleta, tu pilar. Tú para ti lo eres todo y tienes que convivir con eso durante el resto de tu vida. No te falles, ni te desmotives, ni dejes de involucrarte. Tú solo.

6

La terapia de los melocotones en almíbar... o de los yogures caducados

> Las cosas solo tienen el valor que les damos.
>
> MOLIÈRE

En todas las casas, ya sea la de nuestros abuelos, la de nuestros padres o nuestra propia casa, hay una lata de melocotones en almíbar. No sé por qué, pues la verdad es que se utilizan poco. Yo raramente los uso, pero siempre tengo una. Como no les doy importancia, ni siquiera sé en qué lugar de la despensa o de la estantería está la lata. Tampoco sé si están caducados o no. Mis melocotones en almíbar, igual que los de la mayoría de la gente, pasan desapercibidos.

Eso sí, sé perfectamente dónde está el chocolate, la pasta, la fruta, las verduras, sé lo que lleva tiempo en la cocina y lo que está fresco. ¿Por qué? Porque esos alimentos para mí tienen valor. Los utilizo, los gasto, los sustituyo, los ordeno... en definitiva, interacciono con ellos.

Cuando mis pacientes me hablan de sus miedos, sus pensamientos catastróficos, limitantes, negativos, aburridos... y una larga lista de adjetivos «descalificativos», les digo que la mejor terapia para gestionarlos es tratarlos como tratamos a los melocotones en almíbar, con indiferencia.

¿Qué pasaría si algún día se te ocurriera interaccionar con tus melocotones? Imagina esta conversación para tus adentros: «¿Mis melocotones estarán caducados? ¿Y si me intoxico con ellos? Es que soy un insensato, porque los compro para no utilizarlos, no los uso nunca pero siempre los tengo, y al final se me pondrán malos, los utilizaré un día y me pondré enfermo». Pues lo que ocurriría es que los melocotones se convertirían en uno de tus focos de atención y cada vez que entrases en la cocina pensarías en dónde tienes los malditos melocotones, y se volverían importantes y estresantes en tu vida.

Así que el malestar traducido en ansiedad, frustración, desánimo o miedo no lo provocan los melocotones ni ninguno de tus pensamientos, lo produces tú dándole valor a tus pensamientos, hablando con ellos, haciéndoles hueco en tu mente y prestándoles atención.

La Terapia de Aceptación y Compromiso (ACT, por sus siglas en inglés) ha sido para mí una revolución. Y si unimos la aceptación a nuestra capacidad de centrar la atención en el presente, y con ello dejamos de rumiar lo que nos atormenta, tenemos la receta perfecta para dejar de sufrir con lo que pensamos.

Empecemos por distinguir dos tipos de preocupaciones. Seamos aquí muy simplistas. No se trata de etiquetar cada uno de nuestros pensamientos y distinguir si es uno de todo o nada, si se trata de una personalización o despersonalización, ni si es un tipo de adivinación del porvenir. Vamos a lo fácil. Dividiremos las preocupaciones, tal y como lo hace Russ Harris, en útiles e inútiles. Las útiles son aquellas en las que puedes intervenir y están bajo tu control, y las inútiles, aquellas por las que nada puedes hacer. Por desgracia, estas segundas ocupan la mayoría de nuestros problemas.

Y comportémonos como personas inteligentes. Es inteligente ocuparse de lo que depende de nosotros y es poco inteligente o absurdo invertir energía en temas que no controlamos, que no dependen de nosotros o a los que hay que darles tiempo para saber qué ocurre. Sí, hablo de la incertidumbre. Aprendamos a vivir con incertidumbre para ser felices.

Muchas personas me dicen en la consulta que cómo van a «pasar» de problemas personales, deportivos, laborales o del tipo que sea, si son importantes. Por una sencilla razón: la solución no depende de ti. Por lo tanto no es NADA RESPONSABLE por tu parte que te ocupes de algo de lo que no te puedes ocupar. En España tenemos la costumbre de asociar la idea de «me preocupo y sufro» con la del «valor de la responsabilidad». Pero es un despropósito sufrir por aquello que no controlas. Lo responsable sería poder elegir pensamientos que generen un estado emocional adecuado para que tú puedas estar bien mientras se resuelve o llega la solución de algo que no controlas. Sinceramente, es un malestar completamente absurdo y sin ninguna meta. Si el sufrimiento vaticinara un resultado a favor, mejorara tu marca personal, te diera un resultado positivo en la analítica o la persona a la que deseas te dijera que sí quiere salir contigo, ese sufrimiento tendría un sentido. Pero no es así. Lo único que tiene sentido es ocuparte de lo que depende de ti y pasar, literalmente «pasar», de lo que no.

Puedes dejar de preocuparte por cosas importantes e inútiles, de todos modos no tienes la solución. Y darle vueltas a lo que te preocupa no te vuelve más consciente, ni más resolutivo, ni te permite estar más preparado.

Preocupaciones inútiles

Imagina que un cliente ha salido insatisfecho de la tienda en la que trabajas. Uno que además ha sido poco cortés y poco educado. Puede que estés dándole vueltas durante el fin de semana, echándote la culpa de que se ha ido enfadado, a pesar de haber sido atento al despacharle y de haber intentado responder a sus peticiones. La reacción del cliente y su personalidad no es algo que dependa de ti, pero la interpretación y el valor que estás dando a este hecho, sí. Dedicarás tu fin de semana a darle vueltas a un episodio que no tiene posibilidad de retorno y que no puedes controlar ni solucionar. ¿Para qué? Para nada. Seguramente piensas que sintiéndote mal te responsabilizas de lo que ha pasado y que, si alguien se va insatisfecho, tú deberías sentirte mal por ello. Respuesta: un «no» rotundo.

Seguramente te dedicarás a pensar qué harías si pudieras volver atrás en el tiempo y si esto tendrá alguna consecuencia en tu estabilidad laboral. Por mucho que le des vueltas, ni lo solucionarás ni predecirás el futuro. Así que este pensamiento necesita una intervención del estilo «melocotones en almíbar». Es decir, ignorarlo. Cuanto más valor le des, más te va a atormentar. Y lo peor es que puede llegar a perjudicar tu relación familiar el fin de semana, además de tu bienestar y tu equilibrio. Y cuando dentro de unos días compruebes que no ha ocurrido nada, te sentirás culpable por haberlo pasado tan mal sin motivo. De lo único que eres responsable es de hacer y pensar aquello que te permita disfrutar de tu presente. Y de nada más.

Imagina un segundo ejemplo. Estás en plena temporada preparando el gran evento deportivo de este año: tu Mundial, del deporte que sea. Estás entrenándote bien, con buenas sensaciones. Vas pasando cada una de las pruebas y cumpliendo los objetivos que te propones. Y a pesar de los datos objetivos y fiables sobre tu estado físico y tus marcas, no deja de preocuparte la idea de «si llegarás bien al Mundial o no», y no paras de pensar en que no te gustaría lesionarte. ¿Son preocupaciones útiles? ¿Tienen alguna finalidad, salvo estar estresado pensando en que, por muy bien que lo hagas, siempre hay una posibilidad de no estar en el Mundial? No. Son pensamientos inútiles. No aportan soluciones, no te permiten intervenir y te generan emociones negativas, como la ansiedad y el miedo.

Es normal que un deportista que tiene puesta toda su ilusión en un acontecimiento pueda pensar que sería horrible no estar allí, pero no vamos a ningún sitio pensando en ello. O sí, vamos a precipitar lo que temes. Porque la teoría de la profecía autocumplida dice que las personas terminamos encontrando aquello en lo que centramos la atención. Como la atención selectiva tiene una capacidad limitada, el hecho de que estés pensando en preocupaciones hará que, cuando vayas a realizar tu entrenamiento, te fijes en molestias, te chequees, te castigues más por los entrenamientos que no has cumplido que por todo lo que has logrado. Irás sesgando la información para dar con lo que te preocupa.

Las personas te dicen que es inevitable pensar en ello. Es cierto. La preocupación va a aparecer, pero si sabemos cómo comportarnos ante ella, dejará de estar presente con la intensidad, frecuencia y repetición con la que se presenta cuando le prestamos atención. Si la convertimos en una lata de melocotones, dejará de atormentarnos. Dar vueltas a las cosas no hará que encuentres un pensamiento que te deje tranquilo. Si no, ya lo hubieras conseguido con el primer razonamiento. Muchas veces, dar vueltas a la cosas empeora la situación. Solo por el hecho de acrecentar el valor y la importancia que le das. El truco no está en buscar algo que te relaje. El quid de la cuestión está en saber aprender a vivir con la idea de que te puedes lesionar para el Mundial, con la idea de que el cliente se ha ido insatisfecho y que no pasa nada por ello. Preocuparte por ello no predice un final feliz. Preocuparte no tiene premio.

Soluciones

Pensarás que así expuesto es muy sencillo, pero que, en realidad, es muy difícil dejar de pensar o no sufrir. Aquí tienes una serie de ejercicios que te permitirán dejar de lado lo que no controlas y distanciarte para poder disfrutar del único momento que tienes para ser feliz, el ahora.

No más bucles, no más vueltas, no le des más valor ni importancia a lo que se cruza por tu mente. Son solo pensamientos, nada más. Estos no dicen nada de ti, ya lo decía el personaje de Sócrates en la película *El guerrero pacífico*. Lo que dice de ti son tus actos.

Lo más sencillo para que desaparezcan es dejar de prestarles atención. Como las rabietas de los niños. Atención cero. Y seguro que tú sueles actuar de modo contrario. Buscas razonar, quedarte tranquilo, tener argumentos, datos, estadísticas, convencerte... pero ¿no te has dado cuenta de que nada funciona? Nada te deja tranquilo. A partir de ahora prueba con alguna de estas técnicas. No tienes por qué ponerlas todas en práctica. Ve utilizando una u otra hasta que des con la que para ti sea sencilla de utilizar. Hay personas que desestiman el humor porque les parece algo frívolo cuando se trata de algún problema y prefieren otros recursos. Elige el tuyo, que sea sencillo para ti, fácil de recordar y con el que te sientas a gusto. Y sobre todo, practica, entrénalo, repítelo, no tires la toalla. Llevas toda una vida pensado de forma inútil, ¡no pretenderás que cambie tu estilo cognitivo con solo tener la intención! Cambiar un hábito requiere del deseo de hacerlo y de la repetición. Así es como se genera el nuevo aprendizaje que te permitirá pensar con sosiego y disfrutar más de la vida:

- No tengas conversaciones con tus pensamientos. Tampoco tienes conversaciones con las personas tóxicas que te caen mal o te restan energía. Si lo consigues con los demás, ¡también puedes hacerlo contigo mismo!
- Parafrasea tus miedos. Parafrasear significa repetir, casi de forma literal, lo que tu miedo te está diciendo. Imagina que tienes miedo a volar, a sufrir un accidente, y tu mente te dice «Tengo miedo a las turbulencias, tengo la sensación de que el avión se va a caer». Razonar con el pensamiento es absurdo. Lo habrás hecho millones de veces y no te ha servido de nada. Conoces todas las estadísticas, los datos técnicos y explicaciones y, aun entendiendo esas pruebas de realidad, no te quedas tranquilo. Así que lo que sí sabemos es que razonar y buscar una explicación solo te da una tranquilidad momentánea, pero engañosa. Lo mejor que puedes hacer es repetir literalmente y en voz alta: «Tengo miedo a las turbulencias, a ver si el avión se cae»; y contestarte a ti mismo con un simple: «Ah, vale».
- Pon delante de tu idea tóxica alguna muletilla como «Estoy teniendo la brillante idea de... que no estaré a la altura y que me falta confianza para el partido de dentro de una hora». Y contesta a tu mente: «Gracias, reina [reina es tu mente], tú siempre tan oportuna». Y cambia automáticamente el foco de atención. No puedes dejar de tener pensamientos, pero sí puedes elegir cuáles. Así que ten a mano alguno

que produzca efectos contrarios a la inseguridad o a la ansiedad. ELIGE pensar en tu jugada inicial, en tu posición en el campo, en palabras que te dirás durante el partido y que ayudarán a mantener la atención, como: «calma», «fluye».

- Ríete del pensamiento. Dile a tu mente algo así como: «Mira que eres pesadita, que si me siento inseguro, que si no estoy a la altura; ya podrías ponerte de mi parte. Con lo guapa y preciosa que eres cuando te da por sumar». Así estarás eligiendo el valor que tiene el comentario. Reírte de tu mente, decirle que es preciosa, desviará la atención de lo que genera ansiedad y estarás eligiendo cómo relacionarte con los pensamientos tóxicos.
- Cuando aparezca tu miedo en forma de pensamiento, dale forma. Se me ocurre que podría ser como una «lata de melocotones en almíbar»... Pero, en realidad, en lugar de poner «melocotones en almíbar», en tu lata pone: «esta entrevista de trabajo no la paso, seguro que hay candidatos mejores que yo». Entretente pensando en la combinación de colores con la que pintarías la lata, qué fuente tipográfica usarías para escribir tus palabras, de qué tamaño sería la lata, qué fecha de caducidad tendría, dónde se fabricaría, si tendría denominación de origen, etc. Buscamos con este ejercicio jugar con el pensamiento, darle forma y color, y con ello aceptarlo, quitarle valor y dejar de luchar contra él. ¡Ah!, y recuerda luego poner tu lata simbólicamente al ladito de la lata de los melocotones, ahí juntas, sentaditas a la vera una de la otra.
- También puedes ser más sencillo, y simplemente llevarte el dedo índice delante de los labios y decir el famoso «chist», como cuando mandas callar a alguien. Imagina que estás estudiando y a tu mente le da por anticiparse al examen:

«No te da tiempo, vas a suspender, tanto esfuerzo no te va a servir para nada». Chist... Puedes acompañar este gesto con una frase dirigida a tu pensamiento de miedo: «Calladito, por favor, trato de estudiar y quiero concentrarme». Y vuelve acto seguido a llevar tu atención a tus apuntes, libros... o lo que quiera que estés haciendo. Sin razonar, ni juzgar, solo mándalo callar. Ni siquiera te enfades con él. Recuerda que no lo hace para fastidiarte, solo es para avisarte de una amenaza que tú te has inventado.

Momento libreta...

Mejor dicho, «momento libreta más momento móvil». Anota en tu libreta las reglas para relacionarte con tus pensamientos. Escríbelas con letras y colores llamativos y bonitos. Y luego hazles una foto y súbela al móvil de fondo de pantalla. Será mucho más fácil recordar qué tienes que hacer con tus pensamientos tóxicos si llevas escrita la forma de actuar contra ellos. El problema de los hábitos nocivos es que tienen más probabilidad de colarse que nuestras buenas y maravillosas intenciones de cambio. Si tenemos un recuerdo visual, nos facilitaremos la tarea. Ten presentes estos consejos:

- No rumies tus pensamientos.
- No busques contraargumentos a tus miedos que te relajen.
- No hagas juicios de valor sobre las consecuencias que puedan generar tus miedos.
- No te anticipes de forma catastrófica o alarmante.
- No dejes que tus miedos tengan más presencia de la que se merecen.

Para evitar los hábitos nocivos deberás:

- Observar qué pasa sin juzgar.
- No prestarles atención.
- Decidir qué valor van a tener.
- Jugar con tus pensamientos.
- Llevar el foco de atención al presente.
- Hablarles en un tono cómico.
- Mandar sobre ellos.

He puesto varios ejemplos para relacionarte de forma distinta con tus pensamientos. Pero aquí es importante la creatividad. Busca tu propia manera de hacerlo. Tengo pacientes que sientan a sus pensamientos en el banquillo de suplentes, los meten en una papelera o los dejan pasar como si fueran pompas de jabón que entran en su mente, se pasean y se van. Sin más intervención.

7

La terapia de Teresa de Calcuta

Criticar es más fácil que imitar.

Anónimo

Imitar es la forma más sincera de elogiar.

Anónimo

Muchos son los que admiran, o envidian, a otras personas porque les gustaría parecerse a ellas. Hay personas con carisma, don de gentes, sabiduría, habilidades sociales y rapidez mental para tener una respuesta ingeniosa en cualquier momento, que son además bondadosas, facilitadoras, cariñosas, entrañables, tiernas y risueñas, y que se esfuerzan, escuchan y son inteligentes, ingeniosas, resilientes, maduras, atentas, pacientes, felices y cientos de buenas características más. Estas personas nos dejan huella. Anhelamos esas cualidades que no poseemos y pensamos que si las tuviéramos nos sentiríamos realizados, plenos y poderosos.

Los cambios a los que aspiramos las personas no son solo los relacionados con objetivos profesionales y personales, como aprender un idioma nuevo o iniciarnos en hábitos de vida saludables. Algunos cambios aparentan ser más profundos, más complicados, más de raíz. La frustración que genera no alcanzar metas asequibles, o comprometerse para lograrlas, lleva a que muchas personas ni siquiera se planteen cambiar su forma de ser. «¡Si no soy capaz de comer de forma saludable, cómo voy a lograr ser más paciente y menos impulsivo! ¡Si yo soy así!», dicen. Pero recuerda que tu forma de ser condiciona tu vida, las elecciones que haces, las personas de las que te rodeas y tu capacidad para ser feliz. ¿Cuántas veces te has visto limitado y has perdido oportunidades por comportarte o pensar de forma restrictiva?

Nuestra forma de ser también es susceptible de cambio. Podemos comportarnos como deseemos, siempre y cuando no invadamos el terreno de los demás, les faltemos el respeto o coartemos sus libertades. Hay ciertos rasgos de nuestra personalidad que tienen unas raíces más biológicas, que están determinados por nuestra genética, pero eso no significa que no podamos entrenar otras formas alternativas de conducta.

En la receta del cambio necesitamos dos ingredientes importantes: *la transformación*, qué queremos ser, y *un método de aprendizaje*, cómo lo vamos a lograr. No vamos a entretenernos en borrar lo que ahora tienes, solo vamos a sustituirlo por lo que te apetece tener. La transformación la eliges tú, y el método de aprendizaje más rápido y sencillo te lo presto yo. Se llama «aprendizaje por imitación». A los niños les fascina: copian lo que ven, oyen, sienten y prueban. Copiar es reproducir lo que observas. Y no necesitas hacer un máster para copiar, a muchos se les da estupendamente. ¡Cuántos jóvenes no han aprendido más de las chuletas y de tirar de ingenio que de estudiar hincando los codos para los exámenes! Lo que no sabías es que la propia preparación de la chuleta, repetirla una y otra vez hasta que te cabía todo en una hoja minúscula, era un método de aprendizaje. Pero como pensabas que estabas transgrediendo límites, como te sentías cómplice de muchos otros, lo hacías de forma divertida. Y bajo la diversión, se aprende con calidad. No quiere decir que copiar esté bien, pero sí que con ello también se aprende.

En el método de aprendizaje para el cambio, que aquí te propongo, deberás desarrollar la *convicción*, elegir tu *objetivo*, fomentar la *observación*, practicar la *imitación* y, para afianzar tu habilidad, poner en práctica la *repetición*.

Convicción

¿Por qué se aprende por imitación? ¿Qué lo avala? Busquemos pruebas de realidad. Pon a un niño delante de un mono y terminará haciendo monerías, pon a un niño en medio de una conversación de adultos y terminará reproduciendo palabras que no comprende pero que ha aprendido o ponlo delante de cualquier actividad, y se dedicará a mirar y reproducir lo que ve. Fue Albert Bandura quien dio rigor científico al aprendizaje por imitación, también llamado «aprendizaje vicario». Se trata de un sistema en el que se aprende a través del modelado, viendo lo que hacen otras personas.

Nuestro cerebro, que es una máquina casi perfecta, posee unas neuronas especiales llamadas «neuronas espejo», que facilitan la empatía con lo que vemos y con lo que sienten los demás, y nos permiten copiar y reproducir. Muchos deportistas han perfeccionado sus habilidades técnicas observando a sus modelos favoritos y reproduciendo lo que estos hacen; es decir, solo copiando la ejecución. Lo que ven queda grabado en sus mentes, lo retienen y, luego, llegan a la cancha, lo visualizan y lo repiten.

Las neuronas espejo son maravillosas. Nos permiten entender las emociones de los demás y ser compasivos, y, además, nos ayudan a copiar las acciones que realizan otros. Por supuesto, no lo copiamos todo. Solemos imitar lo que admiramos, lo que nos atrae o lo que nos permite crecer en la dirección que deseamos. Nadie imita un grito agresivo si no está dentro de su escala de valores comportarse con violencia. Pero, cuidado, no ocurre lo mismo con los niños y los adolescentes. Si les gritas como padre, maestro o entrenador, ellos aprenderán que es la forma de tener poder y razón, y lo imitarán.

El descubrimiento de estas neuronas es tan espectacular para la psicología, que Vilayanur Ramachandran, un neurólogo dedicado a la neurología de la conducta, ha afirmado que «el descubrimiento de las neuronas espejo hará por la psicología lo que el ADN por la biología». Con estas neuronas hacemos propio lo de los demás. Los descubrimientos en esa materia han concluido que las personas no solo podemos reproducir las acciones que vemos, sino también los sentimientos y las intenciones. Este aprendizaje permite predecir comportamientos de otras personas, una habilidad básica para relacionarnos.

¿Esto quiere decir que nos convertimos en meros repetidores y que no tenemos responsabilidad sobre lo que hacemos? Porque muchos pensarán: «Ah, es lo que vi que hizo otro»; y esto se convertirá en una excusa para no asumir responsabilidades. La respuesta es: no. Nadie copia lo que no quiere ser. Muchos niños que han sido víctimas de maltrato, o que han visto conductas violentas en su casa, han decidido educar a sus hijos rechazando por completo lo que vivieron y no les gustó. Las personas tendemos a imitar lo que admiramos. Así que recuerda la importancia de educar con el ejemplo porque es un modelo de conducta y que la educación que damos a los nuestros debería basarse en valores que queremos para ellos. No pidas a tus deportistas o a tus hijos que sean respetuosos con las personas si tú le faltas el respeto al árbitro o eres de los padres y madres que tiran colillas por la ventanilla del coche o toca el claxon cuando el de delante se despista al ponerse en verde el semáforo.

Elige tu objetivo

Copiar por copiar no tiene sentido, ¡qué menos que copiar para aprobar! Bromas aparte, si calcásemos todo lo que vemos, nos faltaría tiempo a lo largo de nuestra vida para reproducirlo. Así que habrá que hacer una selección. Y en ella te propongo que incluyas tu cambio. ¿Qué cualidad deseas tener? ¿Simpatía, paciencia, dulzura, ser una buena persona, responsabilidad, honestidad, tolerancia, positividad... o quizá todas? Todo no puedes cambiarlo a la vez. Elige tu objetivo. Sigue un criterio; lo que más necesites, como podría ser la responsabilidad para hacer frente a tu trabajo, o lo que más te apetezca, como la positividad para sentirte mejor. Gracias a la imitación podemos aprender todo lo que no es innato. Así que tú serás quien desees ser, ni más ni menos.

Momento libreta...

1. Decido transformarme en... «una persona más paciente». Y con ello creo que tendré los siguientes beneficios:

    - No me enfadaré en los entrenamientos cuando no consiga realizar el saque perfecto a la primera.
    - Reduciré mi nivel de ira cada vez que me equivoque, porque tendré más tiempo para conseguir mis objetivos.

- La tranquilidad que me dé ser más paciente permitirá que aprenda mejor. El estrés continuo, cada vez que me enfado, me hace estar nervioso y cometer más errores.
- Mejoraré las relaciones con mi entrenador, con mis compañeros del tenis y con mi entorno. La impaciencia me ha llevado a estar de mal humor y contestar mal en muchas ocasiones.

2. Decido transformarme en... «una persona un poquito más dulce». Y con ello creo que tendré los siguientes beneficios:
   - Sonreiré más, creo que lo hago poco.
   - Seré menos agresivo en mi comunicación.
   - Creo que las personas se sentirán mejor a mi lado si me muestro más dulce.
   - Estaré más atento a las emociones de los otros.
   - Será más agradable estar conmigo.

Observación

Ahora que sabemos que la ciencia avala la imitación y que tienes claras tus necesidades y sus beneficios, observa tu alrededor. El proceso de atención es fundamental en este punto. Prestar atención supone focalizar lo que quieres copiar y desatender lo que no te interesa.

Una de las mayores demandas en la consulta, en cuanto a los cambios de la forma de ser de las personas, es poner solución a la falta de paciencia y sus consecuencias, como tener respuestas agresivas, comportarse de forma impulsiva y estar estresado. La falta de paciencia condiciona tu vida y la de los que viven contigo o trabajan a tu lado. Muchos pacientes deciden cambiar cuando le ven las orejas al lobo. Me comentan que ya han hecho sufrir a mucha gente, que saben que pierden amigos, que los compañeros de la oficina les rehúyen o que sus parejas les han dado un ultimátum. Ese es el momento en el que han encontrado la motivación. Pero llevan tanto tiempo siendo de esta manera que piensan que el cambio no es posible. Ni siquiera se gustan a sí mismos. Pero dicen que sus impulsos, y su forma de ser, les puede.

Y aquí es donde aparece mi querida Teresa de Calcuta. Su presencia y ejemplo no tienen nada que ver con el aspecto religioso. Se trata de una profunda admiración hacia esta mujer: tan buena, compasiva, comprensiva, tolerante, tan llena de valores, generosa, tan servicial y solícita. No imagino a esta mujer con un ápice de rabia, frustración o indignación. En cuanto alguien me habla de su propia impaciencia e impulsividad, les pregunto: «¿Qué alternativa se te ocurre para esa misma situación, cómo podrías responder, qué podrías hacer?». Y la respuesta es siempre la misma: «Ni idea, siempre lo hago así». Esas personas llevan pensando, sintiendo y reaccionando muchos años de la misma manera, aun siendo perjudicial para ellos y para su entorno. Y ni siquiera se han planteado que existen otras alternativas. ¿Por qué? Porque no se ven capaces. Pero si les hago reflexionar y les digo: «Imagina esta situación. Ahora no eres tú el que está esperando en una cola larga del supermercado, es Teresa de Calcuta. Ella también tiene prisa porque tiene mucha gente pobre a la que ayudar y dar de comer, y la persona que tiene delante en la cola también es lenta y torpe. ¿Cómo crees que reaccionaría Teresa de Calcuta?». Les pido que se pongan en esa situación, como si estuvieran detrás de ella en esa misma cola, y me digan qué reacción esperan de Teresa de Calcuta. La respuesta también suele ser siempre la misma: «Estoy seguro de que sonreiría a los de delante y a los de detrás, esperaría pacientemente e incluso echaría una mano a quien está siendo torpe en la cola». Y mi siguiente reflexión es: «¿Qué crees que estaría pensando Teresa de Calcuta en ese momento?». La respuesta es clara: «Pobre mujer, se ha liado, está confusa, es mayor, pobrecilla, voy a echarle una mano». En su pensamiento no hay hostilidad, ni prisa, ni juicio de valor. Y ella tampoco está consultando el reloj, pensando que tiene mucha gente que la necesita. Solo está presente, colaborando y siendo benevolente.

Luego le pregunto a mi paciente si sería capaz de imitar ese comportamiento. No le estoy pidiendo que sea creativo y que elija pensamientos relajantes y pacientes que en ese momento no le van a salir de forma espontánea porque no son fruto de sus hábitos. Solo le pido que copie lo que sabe que sí funciona y que, además, admira. Lo genial de esta situación es que me dicen que esto sí lo ven fácil. Cambiar ellos, no, pero copiar a otros, sí. Pues el hecho de copiar ya es un cambio. Pero cuando vemos algo fácil, no lo apreciamos.

La elección del personaje o la persona a imitar es algo que solo depende de ti. Personalmente creo que a nadie puede caerle mal Teresa de Calcuta, pero quizá tú tienes un modelo cercano que te inspire más. Hace poco, una paciente me dijo que su abuelo había sido la persona más buena y bondadosa que había conocido. Seguro que para ella es más inspirador imitar a su abuelo y la manera en que hubiera reaccionado en ese momento, que imitar a Teresa de Calcuta. La única condición necesaria es que aglutine tu objetivo, que sea un buen ejemplo de lo que tú deseas ser y cambiar de ti. Cada faceta de la personalidad, cada forma de ser a la que aspiramos, tiene un representante en esta tierra, puede que incluso sea un personaje de ficción. Lo único que importa es que represente lo que tú buscas.

Imitación

Ahora que tenemos el objetivo y la persona a la que imitar, es fácil: imita. Mi amigo Juanjo Pardo, que fue presentador del programa *Para todos La 2*, tiene una facilidad increíble para imitar a otras personas. Si cierras los ojos y le oyes hablar, sabrías adivinar perfectamente a quién imita. Es parte de su talento como actor. Hay gente que es brillante en esto. Pero no tienes que ser un calco de quien elijas imitar. Realmente no queremos ser idénticos a esa persona, solo tener una característica de su personalidad que nos atraiga. Visualiza los momentos en los que te comportas de la forma en que no te gusta, fantasea con ellos e imagina la alternativa desde el punto de vista del personaje que has escogido.

Momento libreta...

Estás esperando turno en la frutería y alguien se cuela, no sabemos si intencionadamente o de modo involuntario. Normalmente te hubieras callado e indignado por dentro, y habrías pensando en la falta de civismo y en lo descarada que es la gente. Tu objetivo es ser más habilidoso y poder defender tus derechos.

Personaje elegido como modelo a imitar: mi amiga María. Tiene mucha gracia, es muy tranquila y es capaz de defenderse sin atacar.

¿Qué hubiera hecho ella? Hubiera levantado la mano con una sonrisa de oreja a oreja y hubiera dicho un simple: «Perdón, señora, estoy yo primera, le había pedido la vez al chico que acaban de atender. Gracias». ¡Y se hubiera quedado tan fresca!

Repetición

No hay aprendizaje sin repetición. Lo más importante para aprender de manera significativa es la comprensión. Eso ya lo tienes. Ahora solo queda tu parte de entrenamiento. Cuando sepas que te expones a una situación en la que puedas ser vulnerable ante el cambio, anticípate y, llegado el momento, imita, imita y no pares de imitar.

Y si cometes un error y las cosas no salen tan perfectas como te gustaría, no te rindas. Convertirte en lo que deseas necesita tiempo y paciencia. Pero piensa que cualquier pequeño cambio que hayas hecho ya es mucho más de lo que tenías antes de todo este planteamiento. Las últimas investigaciones dicen que para que un cambio se convierta en un hábito, la media de tiempo que necesitas es de 66 días. Así que... ¡mucho ánimo y más optimismo!

8

El sentido de lo que haces

> He encontrado el significado de mi vida ayudando a los demás a encontrar en sus vidas un significado.
>
> VIKTOR FRANKL

No soy nada original si os digo que he leído la biografía y parte de la obra del psiquiatra Viktor Frankl. Lo hemos hecho casi todos los psicólogos. También leí, antes de empezar la carrera de Psicología, muchos libros de Freud. En aquel momento, cuando todavía era ajena a las terapias cognitivo-conductuales, Freud era fascinante. Lo sigue siendo, aunque no secunde el psicoanálisis. Recién salida del Colegio Alemán, pude disfrutar de ambos autores en su idioma natal, lo que permite comprender muchos detalles que a veces se pierden en las traducciones.

Viktor Frankl sobrevivió a los campos de concentración nazis. Obtuvo un visado como científico para emigrar a Estados Unidos y seguir desarrollando su prometedora carrera como psiquiatra. Pero tuvo que tomar una decisión ante este dilema: dejar en Viena a sus padres ya mayores, a los que con toda probabilidad no volvería a ver y que iban a ser deportados a un campo de concentración, o marcharse a Estados Unidos con un visado que le habían concedido y decantarse por el bien que pudiera hacer por la humanidad con sus conocimientos en psiquiatría. Tomó la decisión de quedarse en Viena. Fue recluido en el campo de concentración de Auschwitz y en otros dos campos de concentración, donde fue sometido a todo tipo de vejaciones, humillaciones y trabajos forzados. Cuando fue liberado, tanto su esposa, que había sido obligada a abortar el bebé que esperaban, como sus padres habían fallecido en los campos de concentración. Regresó a Viena sin nada. Antes de la persecución nazi, ya era un joven brillante, colega de los afamados psiquiatras Sigmund Freud y Alfred Adler y jefe del departamento de Neurología del Hospital Rothschild.

No se dio por vencido, encontró trabajo como neurólogo y empezó a escribir. Y a partir de ahí, se convirtió en un referente en el mundo entero, no solo por su logoterapia y por sus conocimientos en medicina y psiquiatría, sino también por su experiencia vital, que por suerte no hemos tenido que vivir ninguno de nosotros. Publicó más de treinta libros y fue un reconocido conferenciante, profesor visitante de las universidades de Harvard, Stanford, Pittsburgh y Filadelfia, entre otras, y doctor *honoris causa* por veintinueve universidades. Murió con 92 años. No falleció debido a una infección, ni al tifus de los campos de concentración, ni a la desnutrición, ni a las heladas que tuvo que soportar mientras cavaba zanjas en los campos; no fue por ninguna de esas causas.

En sus libros manifestó que en varias ocasiones, en los campos de concentración, se le pasó por la cabeza acabar con su vida. Suicidarse en Auschwitz era sencillo, lo llamaban «lanzarse contra las alambradas». ¿Por qué no lo hizo? ¿De dónde sacó fuerzas? En su obra se pueden obtener algunas de las claves que seguramente ayudaron a Viktor Frankl a sobrevivir en un ambiente en el que estaba predestinado a morir: tener esperanza, fijarse una misión, soñar, elegir las emociones, conservar el sentido del humor, mostrar curiosidad, sentir aceptación, preservar la vida espiritual y las creencias religiosas, no renunciar al amor y mantener la libertad interior.

Esperanza

Antes de que Viktor Frankl fuera llevado a un campo de concentración nazi, tuvo que despedirse de sus seres más queridos, sus padres y su esposa. Luego estuvo tres años sin tener noticia de ellos. Muchos de sus compañeros del campo de concentración fueron muriendo, pero otros sobrevivieron igual que él, a pesar de las condiciones más infrahumanas que nadie hubiera podido imaginar. Si Viktor Frankl y otras personas fueron capaces de sobrevivir al horror, ¿cómo no iban a mantener la ilusión por reencontrarse con sus familiares después de la barbarie?

Tener esperanza nos mantiene vivos porque nos lleva a pensar que hay un futuro mejor. Cuando pierdes tu empleo o a tu pareja, o después de sufrir una lesión grave, no solo tienes que gestionar las emociones durante el proceso, sino que debes fantasear con el tipo de vida que deseas para el futuro. Tienes que pensar que disfrutarás, que encontrarás una pareja con la que rehacer tu vida sentimental o un trabajo que te motive, o que volverás a competir deportivamente al nivel que estabas. Las ilusiones activan en nosotros una fuerza interior que nos permite soportar el sufrimiento del presente.

Una misión

Viktor Frankl, durante su confinamiento, se dedicó a investigar y retener en su cerebro —dado que sus escritos fueron destruidos— cómo afectaba la vida en un campo de concentración a la psicología de las personas.

Tener una misión es tener un norte. ¿Cuál es el tuyo? Quizá sea formarte mientras esperas que llegue otra oportunidad laboral, o ayudar en una ONG contribuyendo así a la sociedad, o mejorar una marca para tener una beca con la que poder dedicarte en cuerpo y alma al atletismo.

Soñar

Cuando no puedes soñar con lo que tienes, porque no vale la pena, siempre se puede soñar con lo que te gustaría volver a tener. Los recuerdos agradables son capaces de aliviar el alma. En el caso de Viktor Frankl, los recuerdos de una cama, de tener ropa limpia o de un baño caliente eran suficientes para que se sintiera bien.

Muchos son los deportistas que durante una lesión visualizan mentalmente jugadas exitosas, recuerdan partidos y se emocionan con lo que ahora no pueden tener. Este ejercicio les fortalece la seguridad y, a la vez, trabajan neuropsicológicamente su atención, su toma de decisiones, su memoria deportiva y su concentración. Soñar con volver a ser el mismo y verte en tu mejor versión da sentido a la rehabilitación de tu lesión.

Elegir tus emociones

El horror del día a día en el campo de concentración convertía la atrocidad en algo normal, a lo que un prisionero se acostumbraba. Víctor Frankl lo llamó «anestesia emocional».

En nuestra vida confortable, elegir nuestras emociones permite escoger nuestras batallas. Debemos dar sentido e importancia a lo que de verdad tiene sentido y es importante, para alejarnos de lo que no lo es. Sucumbimos a discusiones o a personas tóxicas, perdemos los nervios en situaciones que no lo requieren y lo justificamos diciéndonos: «Es que me siento así, es que me saca de mis casillas». Elegir tu estado emocional permite vivir de forma intensa y positiva los momentos decididos y distanciarte de aquello que no te aporta nada. De todas formas, vas a tener que vivirlo. Así que es mejor que puedas elegir parte de esa vivencia. En la canción *Caballo de cartón* decía Joaquín Sabina: «... me podrán robar tus días, tus noches no». A ti te podrán robar momentos de tu vida, pero la forma en que quieres vivirlos la eliges tú.

Sentido del humor

Nadie se creería que en un campo de concentración, donde el mañana era incierto, podía haber lugar para la risa. La risa es un protector de la salud mental. Haber renunciado a reír, y tomarse con dramatismo todos y cada uno de los momentos vividos en reclusión, no hubiera protegido la vida de Viktor Frankl. En su libro *El hombre en busca de sentido* explica que hubo muchos momentos en los que tuvo que morderse el labio hasta hacerse sangre para no troncharse delante de los oficiales nazis del campo de concentración.

En los momentos más macabros de nuestras vidas siempre aparece el humor. Es una respuesta que nos ayuda a sobrevivir. ¿No recuerdas momentos graciosos y divertidos en un velatorio, o mientras esperabas entrar en el quirófano para una operación, o cuando te han dado una noticia horrible? La risa nos protege del miedo y nos da una visión alternativa de la realidad.

¿Recuerdas *La vida es bella*? Ganó tres Oscar, a la mejor película extranjera, a la mejor banda sonora y al mejor actor. Roberto Benigni interpreta a un padre al que internan en un campo de concentración con su hijo. Ese padre consiguió que su hijo sobreviviera y fuera feliz dentro del campo. Utilizó el humor y el juego. Encontró el sentido a su estancia en medio del horror. El juego consistía en ver quién conseguía más puntos para, al final, ganar un tanque. Para ese niño, estar en el campo de concentración tenía un sentido. Roberto Benigni dijo que la película estaba basada en la historia real de su propio padre. No hay humor y risa, en la historia narrada, porque se trata de una película. Hay humor y risa porque es la manera de sobrevivir. Es lo que en realidad sucedió.

Curiosidad

El interés por saber más, por esperar a saber qué ocurrirá mañana. La curiosidad mantiene activa, atenta y despierta la mente. En el campo de concentración, dependiendo de la profesión, los presos podían estar un día ayudando en la enfermería o seguir cavando. Cuando algo te despierta el interés, aunque sea el hecho de pensar en la posibilidad de que mañana tendré la suerte de pasar consulta en el barracón de los enfermos de tifus, la mente fantasea con hacer algo distinto, con obtener experiencia de un momento nuevo.

Cuando mis pacientes me dicen que se desconcentran estudiando, o que los entrenamientos les parecen duros, trato de que sean curiosos: ¿qué me dice esta definición, qué supone aprender la historia de esta población, o qué siento con este ejercicio, qué músculo creo que se fortalece, para qué me servirá, en qué medida mejora esto mi rendimiento? Tener curiosidad y confiar en lo que haces es bueno para ti, da sentido a los momentos más extremos. El mindfulness también trabaja la curiosidad, lo llaman «la mente del principiante». Dejamos de dar valor y sentido a muchos de nuestros hábitos y actividades porque se han convertido en parte de nuestra «normalidad». No tenemos curiosidad porque comer sano, hacer deporte, tener un trabajo, tener amigos o comprar ropa nueva cada año es normal para nosotros. Si lo hicieras todo por primera vez, o si te comportaras como si fuera la primera vez que vas de rebajas o que pisas un campo de primera división, ¿con qué ojos lo mirarías?, ¿qué emoción crees que sentirías?

Aceptación

Viktor Frankl dice en *El hombre en busca de sentido*: «Me abandoné sin resistencia al curso de los acontecimientos; un comportamiento que repetí en varias ocasiones durante mi internamiento».

Aceptar aquello que no depende de ti permite ahorrar energía física y mental para invertirla cuando la necesitas. Quejarse, enfurecerse o victimizarse no le habrían proporcionado más que reprimendas, e incluso podrían haberle causado la muerte.

¿Cuántas veces te quejas al día, cuánto tiempo pierdes en criticar y enjuiciar cosas, y rechistar por aquello que no tiene remedio? Muchísimo. Y nada cambia; bueno, sí. Cambia tu estado de ánimo, porque cada vez que te quejas te «avinagras».

Vida espiritual y creencias religiosas

No todos los judíos eran practicantes de la religión, pero en momentos límite, como los que vivió Viktor Frankl, surge la duda y la esperanza en un mundo mejor. En esas circunstancias se necesita fe en lo que sea, en ti, en Dios, en un futuro... porque la fe permite sobrevivir a un estado en el que te encuentras muerto en vida. La fe está relacionada con la ilusión y la esperanza. Perder esta última hará que dejes de invertir la fuerza que necesitas para alcanzar tus metas.

El amor

Viktor Frankl decía que fue en el campo de concentración donde llegó a entender la poesía y el pensamiento filosófico sobre el amor. «La salvación del hombre solo es posible en el amor y a través del amor», escribió. Era capaz de visualizar con todo lujo de detalles a su esposa, y ese recuerdo y el sentimiento hacia ella le hacían feliz.

El amor por las personas y por lo que hacemos, la pasión que sentimos, son una fuente de satisfacción y felicidad, y ese sentimiento puro da sentido a la vida. El amor y la pasión caminan de la mano. Cuando vi la película documental *Seve*, basada en la vida del golfista Severiano Ballesteros, me emocionó comprobar que la perseverancia y el trabajo le llevaron donde deseaba, hasta culminar una brillante carrera, pero sobre todo me maravilló su pasión. De niño tenía ya una afición por la que era capaz de saltarse los límites más insospechados, como faltar al colegio. Dedicaba horas y horas a su entrenamiento, con palos fabricados por él porque no tenía dinero para comprarse un juego de los auténticos, y practicaba en la playa, donde no había hierba. Seve le daba sentido a su vida a través del golf. Su sueño era ser el mejor golfista del mundo, y lo consiguió. Tenía una motivación clara, y por eso tenía un «cómo». Invirtió cientos de miles de horas en entrenar, pensaba y hablaba en clave de golf, y retaba a partidas sabiéndose ganador antes de empezar. No había nada que pudiera frenarlo.

Libertad interior

Viktor Frankl podía estar sometido a las órdenes y humillaciones de los guardias de las SS pero era libre de interpretar el entorno a su manera. Él decía que, incluso en esas circunstancias, las personas son capaces de elegir un camino, de conservar su dignidad y no abandonarse a la muerte.

Tú decides, incluso en las condiciones más extremas, quién quieres ser. Es cierto que hay personas que son capaces de obtener un aprendizaje, una lección de vida o un aspecto positivo, de la vivencia más traumática. Encuentran sentido al sufrimiento, porque, si no se lo hacen, su vida pierde sentido. Muchas personas que han sufrido grandes penurias, que lo han perdido todo, que han sido víctimas de terribles circunstancias, han tenido la lucidez de pensar en qué podían beneficiarles estas experiencias, qué sentido tenía vivir algo así en sus vidas. Mientras dura el sufrimiento, es muy difícil encontrar sentido, lo mejor es aceptarlo. Pero el sentido aparece más tarde, cuando menos te lo esperas, miras atrás y empiezas a encajar las piezas. Incluso durante el sufrimiento, puedes elegir morir en vida o abstraerte y prestar ayuda a quien en ese momento esté sufriendo más que tú. Siempre, siempre, hay alguien que lo está pasando peor que nosotros. ¿Has visto ese anuncio en el que a una persona desesperada le regalan una botella de Coca-Cola y, cuando trata de beber, la vida pone delante de él a alguien con un padecimiento mayor? Siempre hay alguien a quien socorrer, siempre puedes elegir derrumbarte o superar la situación.

Por supuesto, no todo el mundo ha sido víctima del Holocausto, pero todos hemos vivido situaciones límite o frustrantes, tragedias grandes o pequeñas. Todos pasamos por esa parte injusta de la vida que te golpea sin esperarlo. Nos gusta pensar que existe una relación directa entre ser una buena persona y tener una vida placentera, pero estamos completamente equivocados. Porque el destino, las circunstancias y el azar también juegan sus cartas, y no suelen contar con tu opinión para tomar decisiones.

Viktor Frankl siempre preguntaba a sus pacientes, cuando se encontraban tristes y deprimidos: «¿Y usted, por qué no se ha suicidado?»; y la respuesta a esta pregunta era la clave, el sentido de sus vidas. El de este capítulo no es ni de lejos el mismo que tiene la logoterapia de Frankl, que busca el sentido de la existencia humana. Pero sí es darle importancia al sentido que para nosotros tienen los pasos que damos, las decisiones que deseamos tomar, los cambios con los que nos queremos involucrar. Porque cuando algo tiene sentido, posees motivación.

Las personas somos capaces de iniciar guerras, sacrificar nuestras vidas y alejarnos de seres queridos, con tal de defender nuestros valores y lo que nos da sentido. Por eso, encontrarlo nos permite tener consciencia y darle valor. Cuando hallas el sentido, el porqué, no necesitas tirar de tanta fuerza de voluntad ni de tanto sufrimiento.

Uno de los propósitos de Frankl cuando escribió *El hombre en busca de sentido* fue transmitir a las personas desesperadas que «en realidad no importa que no esperemos nada de la vida, sino que la vida espere algo de nosotros». Piensa por un momento quién te necesita, si son tus hijos, tus amigos, tu pareja o tus padres. O qué están esperando de ti en tu club o asociación, en tu trabajo o en tu equipo. Siempre hay alguien que te necesita o algo que reclama tu atención. Es un motivo generoso y altruista para seguir luchando.

Es triste comprobar como la sociedad en la que vivimos no cultiva la pasión, las aficiones y los valores, pero sí lo hace con las compras, las marcas, la eterna juventud y otras superficialidades que dejan vacía el alma. Son muchos los jóvenes que no saben qué estudiar, que no tienen el hábito de leer, que no tienen una afición que les vuelva locos.

El sentido está relacionado con la pasión, con aquello que nos arrastra y nos despierta. Leí una vez un estudio en el que se les preguntaba a estudiantes universitarios qué deseaban para el futuro. Aquellos que respondían que esperaban ganar dinero o tener prestigio resultaron, con el tiempo, tener peor calidad de vida y ser más desdichados que los estudiantes que contestaron que su deseo era dedicarse a una profesión que les fascinara. Estos segundos habían encontrado el sentido.

Momento libreta...

Trata de ver qué quieres conseguir y por qué hasta ahora no lo has logrado. Quizá la meta no era motivadora, quizá no le has encontrado el sentido. Analiza cada uno de los puntos tratados e indaga cómo puedes desarrollar los que consideres que tienes más débiles.

Decía Nietzsche que «el que tiene un porqué para vivir, puede soportar casi cualquier cómo».

9

Elige tu once titular

> Si caminas solo, irás más rápido. Si caminas acompañado, irás más lejos.
>
> Provervio chino

Esos detalles, personas, cosas, lo que sea que necesitamos para caminar más lejos, son nuestro once titular. Hay jugadores con los que cuentas siempre porque permiten jugar a lo que deseas. Los entrenadores tienen claro su once titular, pueden titubear con uno o dos jugadores, pero poco más. Todos tenemos un once titular, o un cinco inicial si hablamos de baloncesto. Y no me refiero solo a personas, sino a las pequeñas cosas que forman parte de las prioridades diarias que nos hacen felices.

Momento libreta...

Juguemos a «si tuvieras que quedarte solo con once cosas o personas». ¿Cuál sería tu once titular, tus imprescindibles? Olvida si hay enchufes, electricidad... solo fantasea.

Se me ocurre...

1. Mi familia
2. Libros
3. Hacer deporte
4. Comida saludable, mucha fruta y verdura
5. Las redes sociales
6. Mis amigos
7. Un ordenador
8. Billetes para viajar y descubrir muchas cosas
9. Mi trabajo
10. Rotuladores y post-it
11. Música

No es nada fácil elaborar la lista. Hay pacientes que me han dicho que no consiguen llegar a once y otros que les faltan números para completar todo aquello con lo que les gustaría contar.

Leí una vez un tuit que ponía algo así como: «—Y tú, ¿por qué eres feliz? —Porque tomo decisiones». Hacer tu lista del once titular de tu vida es una toma de decisiones. Te da mucha información sobre lo que es importante en tu vida, sobre lo que te hace feliz, y también te permite reflexionar acerca de si le estás dedicando el tiempo suficiente a lo que da sentido a tu vida o si lo tienes arrinconado esperando la edad de jubilación. Si quieres despejar esa duda, te propongo hacer el siguiente ejercicio.

Momento libreta...

Lleva un diario durante dos semanas en el que debes apuntar todo lo que haces desde que te levantas hasta que te acuestas, y al final del día marca esas actividades en rotulador fluorescente, con tres colores diferentes. Utiliza un color para marcar las obligaciones, otro para marcar las actividades que disfrutas y un tercero para marcar lo que es una obligación disfrutada. Al final de la semana será muy fácil saber cuánto tiempo dedicas al deber y cuánto al que te divierte. Los marcadores fluorescentes nos proporcionan un impacto visual muy rápido. Puedes dejar sin marcar aquellas actividades que no encajen en ninguna de las tres categorías.

Observa el ejemplo siguiente, en el que la distribución de colores es: amarillo (A) = obligaciones; turquesa (T) = disfrute; verde (V) = obligación disfrutada.

Lunes, 5 de octubre

7.00		Me levanto y me arreglo.
7.30	(A)	Preparo el desayuno para la familia.
7.35	(A)	Despierto a mis hijos.
8.00	(A)	Salimos de casa y los llevo al colegio.
8.45	(A)	Entro en el trabajo.
11.30	(V)	Desayuno con un cliente.
14.00		Salgo a comer media hora.
14.30	(A)	Sigo trabajando.
18.00		Salgo de trabajar.
18.30	(A)	Llego a casa y estoy allí, sin más. Recojo cosas, ordeno, ayudo a la cuidadora con cosas de casa pendientes.

19.30	(A)	Reviso los deberes de los dos pequeños.
20.30	(A)	Recojo al mayor en el fútbol.
21.00	(A)	Preparo las cenas y mando bañarse a todos.
21.30	(T)	Cena con la familia.
22.00	(A)	Recojo cena y cocina.
22.30	(T)	Se acuestan, los arropo y doy besos.
22.40	(A)	Reviso un correo urgente que me dejé sin contestar esta tarde.
22.55		Me siento y veo lo que pongan en la tele, me da igual, estoy agotada.

Analiza ahora qué actividades has dejado sin color, es decir que son neutras, las que no te generan ni frío ni calor, y cuáles has marcado como una obligación y que podrías reconvertir en momentos de placer.

Cuando realizamos en la consulta este ejercicio, muchos hombres y mujeres se vienen abajo, incluso se emocionan y lloran. Aquí es cuando toman conciencia de que la vida pasa rápidamente, un día tras otro, y no dedican casi nada de su tiempo a su bienestar, a ellos mismos y a lo que les hace disfrutar. Esta sensación de ir viviendo según les arrastra la corriente les genera una apatía que, incluso tareas que podrían ser placenteras, como llevar a tus hijos al colegio o recogerlos del fútbol, se convierten en una obligación más.

Y cuando miran atrás, han consumido una semana tras otra, un mes tras otro, y así pasan los años, con la sensación de ir corriendo pero sin disfrutar de lo que van haciendo.

La vida pasa demasiado rápida cuando no tienes tiempo para dedicarte a lo que te gusta o cuando lo aprovechas mal.

Ahora analicemos si a tus prioridades les dedicas el tiempo que te gustaría dedicarles. Si por alguna casualidad no fuera así, pon en la siguiente columna qué solución se te ocurre. Es hora de tomar decisiones y cambiar hábitos.

Momento libreta...

Mi once titular	*¿Le dedicas el tiempo que te gustaría?*	*¿Cómo podría solucionarlo?*
1. Mi familia	Todos los días, pero me gustaría hacer más actividades con ellos. Se me suelen ocurrir muchas cosas que, por falta de planificación, no llevo a cabo.	Planificando el fin de semana con antelación y no poniendo pacientes a la hora que llegan del colegio. Así consigo merendar todos los días con ellos cuando estoy en casa. Haré una lista de actividades pendientes y les asignaré fecha.
2. Libros, leer	Lo hago todos los días. Lo he conseguido gracias a otras tareas que he dejado al margen. Leo antes de dormir, entre paciente y paciente y en todos los trayectos de tren. Estoy consiguiendo leer más de un libro a la semana y me siento bien por ello.	

3. Hacer deporte	Sí, también le he hecho hueco. Solo tengo que levantarme cada día un poco antes, a las seis y cuarto; o en invierno, dejar hueco al mediodía. A esa hora da pereza, pero a la vuelta me siento tan gratificada, que ha valido la pena.	
...		

Muchas personas dicen no ser felices a pesar de «tenerlo todo». Entienden que esto es tener un trabajo, una familia que te quiere, amigos, ingresos para vivir sin penurias y salud. Es cierto. Si estos bienes se contemplan desde el punto de vista de quien pasa hambre, esto podría ser lo más parecido a tenerlo todo. Pero ocurre que no hay una relación directa entre tener bienestar y felicidad, y unos ingresos y un nivel socioeconómico altos. Porque gran parte de la felicidad no está en lo que se posee, sino en cómo se utiliza y el tiempo que invertimos en lo que nos hace sentir bien. Si tienes un coche Jaguar aparcado en tu casa y no lo coges por no estropearlo y darle un golpe, es como no tenerlo. Si tienes una vajilla preciosa que te ha costado un dineral pero tienes miedo a romper los platos si la utilizas, es como no tenerla. Y si tu once titular es aquello a lo que jamás renunciarías pero no le estás dedicando tiempo, es como no tenerlo, a pesar de que esté al alcance de tu mano.

Así que se trata de programar tu vida para que exista un equilibrio entre lo que tienes que hacer y lo que te gusta. Y si pudieras lograr coincidir ambas opciones, todavía mejor.

Las típicas excusas para no involucrarte con lo que amas son: no disponer de tiempo, tener cosas más importantes que hacer, saber que ellos estarán siempre así y que pueden esperar, sentirte culpable si te dedicas a escuchar música en lugar de atender lo importante o pensar que ya vendrán tiempos mejores que te permitirán jugar con tu once titular.

Tu felicidad depende de tu equilibrio. Y estar en equilibrio implica saber ordenar y gestionar tu tiempo para poder dedicarle un poco a todos los pilares de tu vida. Ni comes solo proteínas, ni te hinchas solo de hidratos. Comer de forma saludable es mantener un equilibrio. Todo en nuestra vida está fundamentado en este. Y si no te preparas para tenerlo, las circunstancias te obligan a ello. Anoto a continuación algunos ejemplos:

- ¿Qué ocurre después de un período agotador de exámenes, como lo son febrero o junio en la universidad? Durante esas semanas en las que tienes exámenes día sí, día no, eres capaz de dormir menos y estar concentrado, pero una vez superadas todas las pruebas, te desmoronas. Hay personas que se sienten rendidas, y tras los exámenes enferman con un herpes o un catarro, e incluso después de la liberación de los exámenes e independientemente de las calificaciones obtenidas, se sienten deprimidas. El cuerpo y la mente están emitiendo señales: el cansancio, la tristeza o las infecciones son signos de que se han puesto al límite y sus emociones y sensaciones físicas les están obligando a descansar.
- Cuando llevas la dieta al extremo, sin permitirte un margen de error, terminas un día por darte un atracón. Tu cuerpo necesita azúcar, hidratos, te deprimes e incluso llo-

ras. Cuando tensas la cuerda de la fuerza de voluntad, del sacrificio, y no consumes los nutrientes que tu cuerpo necesita, este te devuelve un bofetón a modo de «come hidratos que no puedo más» y te pones tan triste que necesitas ingerir azúcar para alegrar un poco al cerebro.

- ¿Y cómo te sientes cuando acabas la liga? Muerto. Pero si tuvieras que jugar la liguilla de ascenso no te sentirías muerto, te quedan reservas para seguir compitiendo porque sabes que es necesario. El cuerpo y la mente saben cuáles son tus circunstancias y te mantienen alerta mientras los necesitas. Pero cuando interpretan que se pueden relajar, lo hacen. Tienden al equilibrio.

Por todo ello, es necesario que dejes de forzar situaciones y aplazar placeres, y que, desde este momento, juegues la partida de la vida con tu once titular. Estas son las reglas de juego para el partido:

1. Necesitas hacer hueco y organizar la agenda. Es imposible tener tiempo cuando todo está saturado. Y a veces es así porque no nos desprendemos de otros hábitos, de pérdidas de tiempo, de la mala organización, etc. O de ver en exceso la televisión. Revisa cada una de tus actividades, piensa a qué podrías renunciar y mete en tu agenda algún jugador titular.
2. Sin remordimiento, te los mereces. Esta vida no es dicotómica. Dedicarte tiempo a ti no es sinónimo de quitárselo a tus hijos, pareja o amigos. Hay tiempo para todo. Igual que tienes amor para varias personas, el tiempo se puede organizar para que todos podáis disfrutar de él y puedan disfrutar también de ti.

3. Necesitas estar bien y realizar cosas que te satisfagan para poder contagiar tu «buen rollito» a los demás. Cuando renuncias a tu once titular, también estás rechazando el disfrute, tu bienestar, tu estado de equilibrio. Y es imposible estar a gusto con otras personas si no lo estás contigo mismo.
4. No eres el último de la fila, y tus necesidades tampoco lo son. Cada semana hay un contratiempo. Normalmente no se trata de eso, sino de imprevistos regulares. Es decir, si no es uno, es otro, pero siempre están ahí. Cuando no hay que llevar a un niño al dentista, hay una reunión fuera del horario de trabajo, hay una urgencia o un familiar te pide algo. Siempre hay motivos para salir de la rutina. Valora si es urgente o importante y no ningunees tus cosas por atender a los demás. Si de verdad es necesario, pues bien, hazlo; si no, priorízate.
5. Aprende a decir «no». No a la ayuda, consejo o compañía que te piden los demás si va a interferir con tu tiempo. Dales una alternativa: «Hoy no puedo acompañarte a ver tu vestido de boda, pero seguro que el sábado por la mañana podría, ¿te parece bien?». La persona que te pide un favor, cuenta con el «no» como probabilidad de respuesta. Eres tú quien interpretas que decir «no» es ser descortés, poco amable o poco servicial con los demás. Pero te equivocas.
6. Delega. Es imposible hacer más cosas si todas las haces tú. Es imposible hacer hueco si no dejas que otros te ayuden. Pero no tienes por qué atenderlos tú a todos.
7. Mide el tiempo en calidad más que en cantidad. Tus hijos no necesitan que estés con ellos toda la tarde mientras ellos hacen sus deberes. Solo que cuando revises los debe-

res con ellos o cuando compartáis la cena, estés de buen humor para poder escucharlos con atención. Y que el momento sea divertido.

8. Aprende a respetarte. Tu tiempo es parte del respeto que te tienes a ti mismo. ¿Acaso interrumpirías a tu amigo cuando ha salido a correr? No, pensarías que está corriendo, que lo necesita, que es importante para él y que forma parte de su rutina, y lo llamarías cuando sabes que ha terminado, se ha duchado y está disponible. Si el deporte es importante para la vida saludable de un amigo, ¿por qué no lo iba a ser para ti?
9. Educa a la gente. Pon límites: apaga el teléfono a una hora en la que no necesitas estar disponible, di que no te molesten cuando estás haciendo deporte, cierra la puerta de tu cuarto de baño y de la habitación si has decidido darte un baño relajado o pintarte las uñas tranquila. Los límites los marca un teléfono no contestado, una puerta cerrada, llevar unos cascos mientras disfrutas de la música o cualquier señal que indique a otros que no estás. Poco a poco la gente sabrá que para hablar contigo tienen que hacerlo antes de una hora determinada, o que de nueve a diez de la noche estás en el gimnasio. Y como somos animales de costumbres, ellos también se habituarán a tus límites. Solo tienes que probar.
10. Practica tus «innegociables». Cuando sales de la zona confortable y empiezas a dedicarte tiempo, a pesar de que lo disfrutes, hasta puede que se te olvide hacerlo al día siguiente. Recuerda tener la «obligación» de hacer cosas que te hacen feliz, y entrenarlas. No solo tienes que practicar, también debes saborearlas, con atención plena. Son momentos buenos para ti y para los que te rodean.

Tú has decidido que estos once son los titulares con los que siempre saldrías a jugar, a pesar de no estar jugando ahora con ellos. La vida es un juego. Según mi escala de valores, para ganar no necesitas acumular más dinero, sino más momentos inolvidables. Jugar con tus innegociables hará que participes con éxito y puedas ganar la partida de tu vida. Esto se llama «coherencia». Y como dice Serrat, no dejes que te acechen detrás de la puerta. Deja que esas pequeñas cosas te rodeen, te hagan feliz y te emocionen a cada momento.

10

La falta de talento no te limita, te limitas tú

> Todo el mundo es un genio. Pero si juzgas a un pez por su capacidad de trepar a un árbol, pasará el resto de su vida pensando que es un idiota.
>
> ALBERT EINSTEIN

Tienes talento, pero no crees en ti. No es la falta de talento lo que te limita, sino la idea de que no eres capaz. Y con esta idea creces pero no te desarrollas, o por lo menos no lo haces en la dirección en la que a ti te gustaría.

Todos tenemos uno o varios talentos, pero las circunstancias de la vida a veces nos llevan a abandonarlos en pro de la responsabilidad y del deber. El talento está en lo que te apasiona, no en lo que te conviene, a pesar de que en esta vida tenemos que ocuparnos muchas veces de esto último. Pero eso no implica olvidar de por vida aquello que se te da bien y que, además, disfrutas haciéndolo.

Si no hacemos triunfar el talento es como si no lo tuviéramos. El éxito no está en *ser* excepcional, sino en *hacer* las cosas de forma excepcional.

Momento libreta...

Si crees que no tienes talento, haz estas dos reflexiones:

1. ¿A qué te gustaba jugar, qué te gustaba hacer o con qué fantaseabas cuando no tenías la responsabilidad de pagar una hipoteca, cuando eras niño o cuando no tenías obligaciones que te encadenaran?
2. De tus aficiones, si pudieras dedicarte profesionalmente a una, ¿cuál sería?

No solemos elegir actividades que se nos den mal porque no nos sentimos cómodos con ellas. Una vez hice la segunda de las preguntas anteriores en un auditorio y hubo una persona que me dijo que jamás había tenido talento para nada y que no recordaba ninguna afición. Entonces le pregunté que a qué dedicaba su tiempo libre cuando era joven o cuando ahora le quedaban horas libres. Y enseguida contestó: «Mujer, pues al bricolaje». Resulta que esa persona era un manitas, le encantaba hacer cosas en casa, arreglar, crear, pero para él eso no tenía mérito. ¿Por qué? Porque era fácil. Este es uno de los mayores errores a la hora de descubrir nuestros talentos. Identificamos que aquello que realizamos con facilidad no es digno de ser un talento porque no nos cuesta. Cuando precisamente la facilidad para hacer algo es una de las definiciones del talento. No le damos valor a lo que no cuesta. Con esta conclusión, Frank Sinatra, Pablo Picasso, Michael Jordan y cientos de miles de personas no tenían talento, porque cantar, pintar o jugar al baloncesto les resultaba fácil.

Momento libreta...

Si todavía no has dado con tu talento, hazte otra pregunta:

- ¿Qué suele valorar de ti la gente, en qué te dicen que eres brillante, a pesar de que tu humildad no acepte esos cumplidos?

Lo que la gente valora de ti suele ser también parte de tu talento: lo buen anfitrión que eres, cómo cocinas, tu facilidad para jugar a las cartas, tu humor inteligente, tu agilidad mental, tu don de gentes, cómo cantas, tu velocidad para resolver juegos de lógica, tu capacidad para escuchar y dar buenos consejos o montar un mueble de Ikea. Actividades que para otros son un rollo o difíciles, algunas personas las resuelven con enorme facilidad y disfrutando de ellas.

Muchas son las personas que frustraron sus aficiones y han decidido dedicarse a ellas en un momento de equilibrio y paz en sus vidas. No siempre podemos optar por hacer lo que nos gusta y convertirlo en una profesión. La vida a veces te obliga a tomar decisiones y a tener responsabilidades que obstaculizan esas pasiones. Pero siempre hay tiempo para retomarlas, formarte, entrenarlas, especializarte, y quién sabe si, algún día, poder vivir de ellas.

Diez claves para desarrollar tu talento

1. Deja de cuestionarte si lo tienes o no

«Es que yo no soy capaz» es la gran mentira y la reina de las excusas y limitaciones. Se lleva el Oscar al obstáculo de tu vida. Cuando un paciente o un deportista me dice esto, por dentro pienso: «Anda, anda, anda, anda». No se lo digo, pero lo pienso. Porque ¿qué evidencia tienes de que no eres capaz? Ninguna. Tengamos un poco de rigor, incluso con lo que nos decimos a nosotros mismos. Los pensamientos son solo pensamientos. Y tiene tanta credibilidad pensar que un elefante rosa puede pasear por la Quinta Avenida de Nueva York como que tú no eres capaz de hacer algo que te propongas. Así que menos pensar y más actuar. Pierdes mucho tiempo preguntándote si serás capaz, si lo conseguirás, si valdrá la pena, si esto, si lo otro... Si el tiempo que inviertes en cuestionarlo todo lo invirtieras en formarte, prepararte o planificar tu carrera, seguro que conseguirías mucho más.

2. Las descalificaciones son para el deporte, no para mandarte mensajes a ti mismo

Si marchas mal, te descalifican; si te pasas del tiempo asignado, te descalifican; pero tus palabras, sin ni siquiera haber actuado, ¡no te descalifican! Cuando un amigo tuyo te dice que está ilusionadísimo con hacer un triatlón, a sus cuarenta años, ¿qué le dices? La mayoría de las veces le animas, te emocionas con él y te preocupas por cómo van sus entrenamientos, los progresos que va teniendo y cómo se va encontrando. Muchas personas se comportan así con sus amigos, pero en cambio se menosprecian a sí mismas. En lugar de animarse e ilusionarse con sus propios objetivos, se dedican a pensar que no serán capaces, que no tienen la edad adecuada, que tienen otras prioridades, que necesitan invertir mucho tiempo, etc. Y al final, les cae tal manta de crítica negativa que tiran la toalla sin haberse puesto a prueba.

Conocer nuestro talento y nuestras virtudes nos permite explotarlas y sentirnos seguros. Nadie nos regala nada, somos nosotros quienes nos esforzamos para alcanzar el premio. No puedes hablar mal de ti y de tus habilidades. Está bien que reconozcas y sepas cuáles son tus áreas de mejora, pero no las utilices para dejar de andar, sino para aprender a dar mejores pasos.

Aprende a relacionarte contigo mismo como si fueras tu amigo, o alguien a quien debes motivar. Te debes ese respeto y esa amabilidad. Nadie quiere enfrentarse y salir de la zona confortable si de antemano cree que va a fracasar y que no será capaz. Como dicen en Granada, tente una *mijilla* de compasión para sentirte fuerte y empezar.

3. Tus experiencias pertenecen al pasado y no dicen nada de lo que eres o no eres capaz de hacer en el presente y en el futuro

¿Abandonaste una afición, no fuiste capaz de sacarte unos estudios, te dio miedo y evitaste una situación? Bien, ¿qué importancia tiene eso? Tú, hoy, no eres el de ayer, ni la experiencia a la que tienes que enfrentarte ahora es la misma. Y a pesar de que sí es cierto que las experiencias van conformando nuestra forma de ser, también lo es que podemos llevar a cabo experiencias nuevas o incluso repetirlas y vivirlas de distinta manera.

Ten cuidado con tu memoria selectiva, porque al igual que tienes historias de frustración, también las tienes de superación, pero estas las olvidas. Todos tenemos experiencias negativas. Esas no son las que te limitan. Lo que lo hace es el valor que les das y cómo las interpretas. Si piensas que te definen como persona, como deportista y como emprendedor, y que la lectura es «si ya salió mal es que yo soy malo y no valgo para esto», jamás darás el paso. Las experiencias negativas y los fracasos pueden darte pistas de lo que no debes volver a hacer, pero no son el fin de tu objetivo. ¿Conoces a alguien que haya alcanzado su meta o que haya desarrollado su talento a la primera? Ni siquiera tienes que justificarte y decir «es normal fracasar, le ocurre a todo el mundo». Seríamos más felices si fuésemos capaces de aceptar el fracaso sin tener que justificarlo. Las personas seguras pueden hablar de sus errores sin buscar excusas que los justifiquen. «Sí, me salió mal»; «lo planifiqué mal»; «me equivoqué»; «actué de forma impulsiva», o «me puse nervioso y me precipité». Así, sin más.

4. No permitas que otros te limiten

Ya tienes suficiente con tus propias limitaciones. Hay muchas personas a tu alrededor que quizá tengan otros intereses incompatibles con dedicar tiempo a ti y a tu talento. De hecho, desarrollar el talento te va a llevar tiempo. Porque sin estudio, sin formación, sin entrenamiento y sin dedicación, difícilmente podrás afinar tus fortalezas. Y para tener tiempo, en algunas ocasiones deberás renunciar a otras actividades o a otras personas.

Si siempre se te han dado bien los deportes, pero tuviste que renunciar de joven a ellos y ahora has decidido prepararte una prueba deportiva, y para conseguirlo necesitas entrenar todos los sábados y domingos, quizá necesites acostarte antes. Puede que tus amigos estén acostumbrados a disfrutar de ti hasta las tantas de la mañana y ahora decidas que tu prioridad es descansar para poder salir a correr a primera hora. Algunos, por puro egoísmo, te dirán que dónde vas, que vaya cosas por las que te ha dado ahora, que si será la crisis de los cuarenta, y un largo etcétera. No les hagas caso. No es una crítica constructiva. Sería mucho más sano que te dijeran que es una pena que tengas que irte, que disfrutan de tu humor y de tu compañía, y que te desean que disfrutes del entrenamiento de mañana. Te encontrarás con las dos versiones, pero más con la primera, la tóxica.

En otras ocasiones estará el que, con rabia y envidia, te diga que en qué te estás metiendo, que qué pereza y que si tienes algún problema para necesitar evadirte con esta nueva afición. El problema es que esa persona no se ve capaz de sacrificarse y esforzarse como tú lo estás haciendo. Otro tóxico. No lo atiendas. Tendrá muchas cosas buenas como cuñado, pareja o amigo, pero, en este caso, no te ayuda.

No todo son envidiosos y egoístas. E incluso los egoístas y los envidiosos pueden ser buenos amigos porque tienen otras virtudes que a ti te gustan, pero, en este caso, desatiende a quien te dice que no puedes.

5. No subestimes el esfuerzo que necesita desarrollarse

Si piensas que no eres bueno, igual es que no has entrenado lo suficiente. Igual requiere más empeño del que imaginas. He visto a niños tirar la toalla por no sacrificarse más o por no dedicar más tiempo. «Es que esto no es lo mío», dicen. Y lo cierto es que no es que no sea lo suyo, sino que la cultura del esfuerzo no está en su once titular. Y así no se llega a ningún sitio. «El genio se hace con un 1 por ciento de talento y un 99 por ciento de trabajo», decía Albert Einstein. Citar a un genio talentoso para hablar de talento es lo que me parece más creíble.

Decía Larry Bird, que perteneció al Dream Team que ganó el oro olímpico de baloncesto en Barcelona 92: «Es curioso, cuanto más entrenamos, más suerte tenemos». Y es que el talento necesita acompañarse de esfuerzo y trabajo. Es la mejor manera de prevenir la «mala suerte».

Magic Johnson, otra estrella del baloncesto, dijo: «El talento nunca es suficiente. Salvo muy pocas excepciones, los mejores jugadores son los que más duro trabajan». Así que no pienses que no se te da bien, quizá falta invertir más tiempo. Solo eso.

6. Sé curioso

Decía Einstein que él no tenía un talento especial, sino que era apasionadamente curioso. La curiosidad te lleva al aprendizaje significativo. Descubrir, investigar, practicar el ensayo y error... en definitiva, jugar con tu talento y con tu pasión.

A las actividades que nos despiertan curiosidad les dedicamos más tiempo, nos entretienen y no tenemos la sensación de estar estudiando de forma forzada, sino aprendiendo con curiosidad. Cuando te preparas para algo sin prisa y disfrutando de la enseñanza, lo que aprendes, perdura y afianza tu talento.

7. Busca ejemplos

Todos tenemos alrededor alguien a quien admiramos, ya sea una persona cercana o un desconocido. La historia está llena de superaciones, de personas que a priori no parecían capaces de conseguirlo pero que lo fueron. Es a ellas a las que tienes que seguir y copiar, no al que se queda lamentándose en el sillón de su casa dejando la vida pasar. Internet, los libros, las redes sociales o canales como YouTube te ofrecen de forma rápida, cercana y en muchos casos gratuita, historias emocionantes que solo con verlas, leerlas y escucharlas, deberían insuflarte la motivación suficiente como para creer en ti mismo. Nada te diferencia de ellos, salvo la actitud y la confianza de que tú también puedes.

El tiempo y los recursos no siempre son imprescindibles, pero si dispones de ellos, mejor. Lo que nosotros consideraríamos unas condiciones infrahumanas de entrenamiento, otros deportistas lo encuentran de lo más normal.

En Kenia tienen el mejor grupo de corredores de maratón del mundo. Abel Kirui, doble campeón del mundo de esa especialidad, consiguió su primer oro en el Campeonato del Mundo de Atletismo de Berlín 2009. Entró por la Puerta de Brandemburgo con un tiempo récord de 2:06:54 horas. Este es el hombre que lidera en Kenia a los más de mil atletas que salen cada día a correr por los montes del país a las seis de la mañana. Entrena en Kapsabet, en el valle del Rift, a 2.500 metros de altitud, donde vive en barracones desvencijados que forman parte de su centro de alto rendimiento. Las duras condiciones de entrenamiento incluyen a veces estar hasta tres días sin agua ni luz. Pero él se siente a gusto y dice que en lo único que piensa es en correr, correr y correr. Es un antílope, como lo fue su abuelo.

El atleta David Rudisha, la joya keniana del atletismo, batió el récord del mundo de los 800 metros lisos en los Juegos Olímpicos de Londres 2012, después de haber entrenado durante meses en una pista de atletismo de tierra.

En ambos casos no han influido los recursos deportivos, médicos o nutricionales, sino la genética, el talento, la experiencia de correr desde que eran pequeños (corrían todos los días 2 km de ida y otros 2 km de vuelta para ir a clase) y la pasión que le han puesto a ese deporte. Nada es imprescindible si tenemos una pasión. No dejes que la falta de recursos limite tu talento y tus sueños.

Aunque es cierto que si se tienen las ayudas, suman. Por eso en España se crearon las becas ADO de cara a las olimpiadas de

Barcelona 92. Un deportista de élite no puede dedicarse por completo a su profesión si carece de recursos económicos. Para conseguir una medalla, necesita invertir todo su tiempo en el entrenamiento. No se puede compaginar el deporte profesional con otras ocupaciones laborales. Ni siquiera lo hacen Rudisha y Kirui.

En Barcelona 92, los deportistas españoles alcanzaron el máximo de medallas de su historia, 22 en total. El arquero Antonio Vázquez pudo dejar su trabajo de reponedor en un centro comercial para concentrarse en el Centro de Alto Rendimiento. Tuvo un entrenador ruso expresamente traído para la ocasión, un sofrólogo que le ayudó a controlar la ansiedad, y toda la ayuda necesaria para que solo tuviera que pensar en el arco y vivir para mejorar sus marcas. El resultado habla por sí mismo.

9. Aprende a convivir con tus miedos, fantasmas e inseguridades

No se puede desarrollar el talento bajo la emoción de la seguridad plena. Porque desarrollar el talento es capacitarte para algo nuevo, y eso requiere aprendizaje. Y este exige salir de la zona confortable y entrar en la zona de la incertidumbre. Y esta última conduce a la falta de control, que al final desemboca en miedo. Bienvenido, míster miedo.

Tendrás que aprender a convivir con estas emociones y sentimientos: inseguridad, ansiedad, miedo, incertidumbre, frustración, fracaso, e incluso vergüenza y ridículo. Lo bueno es que estas emociones, si se canalizan, se aceptan y se gestionan con optimismo, dan lugar a seguir entrenando, a ser cada vez más habilidoso, a sentirse cada vez más seguro y a que un día te encuentres con otros sentimientos como la alegría, la seguridad, la tranquilidad o la confianza.

10. La flexibilidad también participa

Las personas rígidas, exigentes e inflexibles lo tienen más complicado para aprovechar sus talentos. Su idea cuadriculada de cómo tienen que ser los progresos, las cosas o cada paso que dan les impiden ir adaptándose al cambio y al desarrollo. Se sienten mal y se obsesionan con los errores. Piensan que equivocarse es dar un paso atrás, y no lo es. Ya hemos dicho que los errores forman parte del aprendizaje. Pero muchas de estas personas no se permiten el error.

Para desarrollar tu talento, también tienes que contar muchas veces con otras personas, y esto incluye adaptarte a sus planes, horarios o ritmos distintos de aprendizaje. Ser flexible es tomarse la vida con otro ritmo y lidiar con dificultades y baches, dependan o no de ti.

La ira y la frustración, fruto de la inflexibilidad, te llevan a la parálisis más que a avanzar a un ritmo distinto del que a ti te gustaría. Piensa en si lo que te angustia hoy, eso que no has logrado o aquello en lo que te has equivocado, seguirá siendo igual de importante mañana, dentro de una semana o en el transcurso de todo el proceso. Lo más seguro es que sea una piedrecita que en un momento viste como una roca. Y si tu entrenamiento se convierte en un campo de rocas, no lo podrás disfrutar.

Tienes talento cuando tienes facilidad para hacer algo, cuando puedes repetirlo, cuando los demás te dicen que eres bueno y cuando lo disfrutas. Y recuerda, esfuérzate en la vida, siempre tendrás una recompensa. Las personas valoramos más la actitud que el talento.

11

La terapia del caballo-secretaria

> La vida no es fácil, para ninguno de nosotros. Pero... ¡qué importa! Hay que perseverar y, sobre todo, tener confianza en uno mismo. Hay que sentirse dotado para realizar alguna cosa y esa cosa hay que alcanzarla, cueste lo que cueste.
>
> Marie Curie

Mi madre no cuenta chistes como lo hace la gente de Cádiz, pero una vez me partí de risa con uno suyo. Me reí más por cómo lo contó y de la gracia que le hacía a ella misma que por el chiste en sí. Era este:

> Se encuentran dos abogados por la calle [mi madre es abogada].
>
> —Pepe, ¿cómo te va todo?
>
> —Genial, Luis. No te lo vas a creer, pero tengo en el despacho un caballo que es la mejor secretaria del mundo mundial. ¡Increíble! Coge el teléfono, atiende a mis clientes, contesta correos, habla cuatro idiomas, ordena y clasifica como nadie y sabe hasta de Derecho. Niño, un lujo, eso no es un caballo, es un tesoro.

—¡No me digas, Luis, no me puedo creer lo que me cuentas! Yo quiero un caballo como el tuyo, ¿cuánto cuesta?

—Seis mil euros, pero de verdad que lo amortizas en nada.

A los seis meses se encuentran otra vez por la calle.

—Pepe, cabrón, el caballo ni escribe en el ordenador, ni redacta cartas, ni archiva, ni habla castellano, ni nada de nada.

—¡Ay, Luis, no hables así de tu caballo que no lo venderás!

Tú no eres un caballo, eres una persona, pero muchas veces proyectamos hacia fuera la imagen que Luis proyecta de su caballo. En este caso es cierta, los caballos no son secretarias y hay que ser muy ingenuo para creérselo. Pero la mayoría de las veces te infravaloras, te llenas de una falsa humildad y transmites hacia fuera que no eres lo suficientemente bueno, capaz o habilidoso.

Momento libreta...

Valoremos tres puntos importantes: lo que tú crees que eres, lo que los demás ven en ti de verdad y lo que crees que los demás ven (tu interpretación). Compara estos tres puntos de vista, analízalos y saca tus conclusiones.

¿Cuál es la imagen que proyectas de ti?

¿Se corresponde esa imagen con tus fortalezas, tus habilidades, tus recursos, tus áreas de mejora? Es decir, ¿lo que los demás ven es lo que eres?

La visión que das de ti mismo, tanto por tu aspecto físico como por cómo te comportas y hablas, condiciona la opinión que los demás tienen de ti. ¿De verdad crees que alguien puede confiar en ti si no lo haces tú? Si no cambias la visión que tienes de ti mismo, puedes perder oportunidades. No solo a nivel profesional, sino también en lo personal. Nadie quiere salir con una persona que no se quiere, que no se cuida y que deja en manos de terceros su felicidad.

Pueden darse tres situaciones:

1. Lo que los demás ven es lo que hay. En este sentido, tu imagen corresponde con la visión que tienes de ti mismo. Esto no implica que no puedas mejorar áreas, pero sí te define como alguien coherente.
2. Lo que los demás ven es mejor que lo que tú ves. Esto pudiera deberse a que no valoras tu trabajo, tu físico, lo que entregas a tus amigos o tus valores, tanto como sí lo hacen los demás. Muchas personas con baja autoestima no aprecian sus fortalezas y por ello no las tienen en cuenta, las interpretan como algo normal, sin valor. Pero desde fuera se ve un gran trabajo, a una gran persona y a alguien bueno y capaz.
3. Tú aprecias más cosas positivas en ti que lo que percibe la gente. Seguramente es así, pero puede que te esté fallando el canal de la comunicación y la credibilidad. Hay personas brillantes que no parecen creíbles a los demás. Se muestran ante otros con baja confianza, con gestos desvalidos, hablan muy bajito, dudan de sus propuestas, se mantienen al margen, participan poco y esto no genera una imagen de confianza, a pesar de que ellos sepan que son brillantes. Muchos deportistas de alto rendimiento brillan en sus entrenamientos y no en sus competiciones. El motivo es similar; variables psicológicas como la duda, la falta de seguridad, la ansiedad o la falta de concentración impiden que se vea su mejor versión. Pero esta sí existe, y ellos saben que así es.

Cómo convertirnos en un caballo-secretaria de diez

1. Trabaja tu postura corporal

La comunicación no verbal es importante, tanto como lo que decimos. Y además tiene más credibilidad que la comunicación verbal. Se debe a que es más difícil de manipular. Tus gestos, tu postura, tu expresión facial, cómo te vistes y te arreglas: todo habla de ti.

Por norma general, las personas que se sienten seguras sonríen, dan la mano con firmeza, mantienen el contacto ocular, tienen una postura recta y mueven las manos con naturalidad sin tener que preocuparse por qué deben hacer con ellas.

La inseguridad se muestra a través de gestos desvalidos; con la cabeza gacha; con tics nerviosos, como tocarse alguna parte del cuerpo de modo repetitivo (la barba, el cabello, el nudo de la corbata, los anillos); hablando con un volumen bajo, casi pidiendo perdón, y a veces se esconde detrás de una forma de vestir que evita llamar la atención.

Si detectas alguno de estos signos no verbales relacionados con la inseguridad, no tiene por qué significar nada especial, pero si reúnes la mayoría de ellos, quizá estés transmitiendo esa imagen a los demás.

En mis conferencias suelo preguntar a la gente: «¿Qué interpretación sacas cuando alguien no te mira a los ojos mientras habla contigo?». Las respuestas son variadas: me miente, me esconde algo, es tímido, está nervioso, no sabe de lo que habla, etc. Ninguna de ellas dice nada positivo de quien tiene problemas para mantener el contacto ocular. El problema es que quizá tú seas tímido y tu interlocutor esté interpretando que le estás engañando y con ello deje de confiar en ti, en tu producto o en tus servicios, o que no te vea cualificado para que te hagas cargo de lo suyo. Tu interlocutor no va a perder el tiempo preguntándote el motivo real por el que no le miras a los ojos. Simplemente sacará sus conclusiones, que puede que no coincidan con las tuyas, hará un juicio de valor y tomará una decisión. Y será muy difícil que cambie esa primera impresión. No sé de quién es la mítica frase: «No existe una segunda oportunidad para causar una primera buena impresión»; pero así es en la mayoría de las ocasiones. Te has esforzado mucho con tus estudios, con tus prácticas, te ha costado montar una empresa o encontrar trabajo, para que ahora una simple caída de ojos te deje en el camino.

Según el comunicador Bert Decker, el 50 por ciento de la impresión que te causa una persona cuando la escuchas la primera vez se gestiona en los dos primeros segundos, y el otro 50 por ciento, en los siguientes cuatro minutos. Lo que nos da un margen mínimo para influir de forma positiva en quien nos escucha. En este sentido, el 50 por ciento se elabora sin que te dé tiempo a abrir la boca, todo a partir de lo que ven en ti. Y lo que ven es tu cara y expresión facial, tu forma de vestir y de adornarte (tipo de corbata, pañuelo, complementos, joyas, maquillaje, peinado), tus manos y tu postura, cómo te plantes delante de la persona. Leí una vez en un libro de habilidades sociales que nuestro cerebro tiende a hacer juicios de valor en los primeros segundos sobre la orientación sexual, la condición social, el estatus, el grado de conformidad, la inteligencia, la simpatía, la religión y la clase social. No es algo que realicemos de forma consciente. No nos dedicamos a despellejar a nadie, pero nuestro cerebro saca estas conclusiones cuando ve a alguien por primera vez. Tú ahora pensarás: «No, no, yo no lo hago». Pero lo cierto es que si te presentan alguien, hablas dos minutos con esa persona, te das la vuelta y se te pide que la describas, tendrás información subjetiva sobre todas las categorías que acabo de describir.

Cuida tu imagen, no para convertirte en quien no eres, pero sí para transmitir tus valores y tu personalidad. Debes tener en cuenta tu higiene. El aspecto de los dientes es fundamental, ya que una dentadura sucia y poco cuidada da una imagen tremenda de dejadez y termina por llevar la atención de tu interlocutor a fijarse en algo que repele, en lugar de atender tu mensaje. Cuida tu cabello, que esté limpio y peinado. No te excedas con el maquillaje ni con las joyas, ni exageres tu forma de presentarte. La elegancia no está en recargarte como un árbol de Navidad, sino en la sencillez. Y trata de que tu imagen corresponda con lo que quieres que vean en ti. Si vas a buscar trabajo como chapista, no te presentes con traje y corbata. Y si te presentas a un trabajo en un banco, no vayas en chándal. Se trata solo de sentido común.

2. Sé alguien creíble para los demás

Una persona creíble es alguien que nos transmite seguridad. La seguridad la generan varios puntos:

- **La reputación.** Los éxitos cosechados por una persona nos dicen de ella que sabe cómo resolver su trabajo. Si como empresa deseas patrocinar a un deportista, seguro que pondrás tu inversión antes en alguien consagrado, que ya ha demostrado ser capaz de ganar medallas, que en alguien que promete pero del que lo desconoces todo. Por suerte existen empresarios que apuestan por la juventud, pero lo cierto es que resulta más fácil hacerlo cuando los deportistas poseen ya una trayectoria previa.

  Si tienes que operarte de algo importante y puedes elegir a la persona, siempre tratarás de buscar a un profesional que haya realizado ese tipo de intervención infinidad de veces y que la haya llevado a cabo con éxito. Y te dará igual su imagen o que te opere en chanclas, porque lo que te da credibilidad es su reputación.

- **El aspecto físico.** Si no tienes reputación, el aspecto físico es vital. Si te presentas como preparador físico para un equipo deportivo, y quien te contrata desconoce tu experiencia y tus éxitos, o no has tenido tiempo de cosecharlos y estás pasado de peso, tu credibilidad bajará con toda seguridad. La imagen que das de ti no corresponderá con el juicio de valor que una persona elabora sobre un preparador físico. Seguramente tienes ideas, argumentos y conocimientos, y estás sobradamente capacitado, pero en un principio el sobrepeso en un preparador físico aparenta incoherencia y hará que duden a priori de ti.
- **El conocimiento es clave.** Al final te contratan por lo que sabes y por cómo pones en práctica esto. Son tus argumentos, tu capacidad para razonar y para exponer de forma ordenada lo que sabes, lo que hará que se interesen en tu discurso.
- **Honestidad, sencillez y transparencia.** Creemos en las personas con buenas intenciones y con buenos sentimientos. Sé sincero, no exageres tus méritos ni te expreses con términos absolutos. Expresa tu interés por la persona, por el puesto, por el proyecto o por la charla que estés dando. Si transmites lo que sientes, también aumentará tu credibilidad. Las personas emotivas permiten que nos acerquemos a ellas a través de la franqueza de sus sentimientos.
- **Asumir errores.** Todos cometemos errores, y admitirlos nos hace humanos. Si hablas sobre ellos y te encuentras en

algún proceso de selección importante para ti, aporta siempre la solución apropiada para el error o el fracaso cometido. No dejes a quien te entrevista solo con la información de que te equivocaste, transmítele también cómo resolviste la situación y lo que supuso el aprendizaje.

- **No exagerar.** Las exageraciones generan duda. Interpretamos que las personas que tienen que lograr «grandes» éxitos o situaciones exageradas, carecen de suficiente seguridad como para no tener que engordar sus méritos. Habla de tus éxitos desde la humildad. Es cierto, se trata de un binomio complicado. Solo tienes que decir en qué eres bueno, lo que conseguiste, y a la vez compartir tus medallas, ser agradecido con quién te ayudó a conseguirlo y valorar el esfuerzo que invertiste para alcanzarlo.
- **Sé dinámico, divertido y optimista.** Las personas que nos hablan de soluciones nos infunden esperanza. Estamos cansados de tanto pesimismo y malas noticias. Provoca desánimo y, poco a poco, vamos perdiendo la esperanza. Cuando llega a tu vida una persona que sonríe, que se expresa con ilusión y pasión, que te dice con argumentos que sí se puede, que lo va a intentar, que no tira la toalla, que buscará soluciones para ti, es como si nos recargaran las pilas. El dinamismo y el optimismo tienen que ir acompañados de rigor y seriedad, porque también estamos cansados de que nos bombardeen con mensajes superpositivos del tipo «la vida es maravillosa», pero sin contenido detrás.
- **Comunicación.** Sé claro, directo y sencillo. Olvida los tecnicismos, las frases kilométricas y la retórica. No se trata de impresionar a nadie, solo de hacerte entender. Lo que da credibilidad es que la persona que te escucha tenga claro el

mensaje que le tienes que transmitir. Hay personas que hablan más para escucharse ellas mismas que para llegar a los demás.

- **Ten palabra.** Hoy en día nadie se fía de nadie. Tener palabra significa ser respetuoso y leal con lo que te comprometiste verbalmente. Sin necesidad de firmar papeles. Hay que cumplir lo que se promete. Yo admiro a la gente de palabra.

3. Elabora una imagen positiva de ti, basada en la verdad

Uno de los valores rey en el deporte, en la convivencia, en el trabajo y en la familia es el de la humildad. Cuando hacemos valoraciones sobre deportistas de élite o personas a las que admiramos, siempre suelen poseer el valor de la humildad.

La Real Academia Española (RAE) define de tres maneras la palabra «humildad»:

1. Virtud que consiste en el conocimiento de las propias limitaciones y debilidades y en obrar de acuerdo con este conocimiento.
2. Bajeza de nacimiento o de otra cualquier especie.
3. Sumisión, rendimiento.

La primera definición se refiere al reconocimiento de nuestras áreas de mejora y alude al hecho de que actuar con coherencia, conforme a lo que sabemos que son nuestras limitaciones, nos permite ser prudentes. En ningún momento la definición de la palabra «humildad» incluye un epígrafe que diga «... y además, tampoco hables de lo que se te da bien, no comentes en qué tienes talento, ni actúes en consecuencia».

La tercera definición todavía es más significativa en cuanto a lo que tu imagen significa. «Sumisión» y «rendimiento» son palabras mayores, se relacionan con «poca personalidad», «flaqueza» o «ser la marioneta de quien sí sabe lo que quiere».

Una persona humilde es aquella que es capaz de hablar de sus virtudes, de reconocer en qué medida interviene y es responsable de su propio éxito, y que a la vez reconoce que una parte de sus logros en la vida son fruto del trabajo en equipo y de la gente que le apoya, y que además sabe en qué puede mejorar para ser todavía mejor. Se puede ser humilde y transmitir una imagen positiva de uno mismo.

Ensaya delante del espejo el hablar bien de ti. Si no estás acostumbrado a saber dónde está tu talento, a contar a los demás qué cosas se te dan bien y cuáles son tus valores, cuando necesites hacerlo no te saldrá con naturalidad.

4. Habla de ti, date a conocer, pero siempre bajo el paraguas de la prudencia

No solo necesitas «venderte» en una entrevista de trabajo. También es importante presentar tus argumentos o ideas con seguridad en una reunión, saber decir con confianza lo que piensas en tu grupo de amigos o poder hablarle a tu entrenador o a tu jefe sobre los cambios que ves importantes en el equipo o en el trabajo, sin dudar de que tu propuesta merezca ser escuchada.

Tus ideas son importantes, tanto como lo son las de los demás. Si dudas de ellas, no las expondrás con claridad y no parecerán todo lo buenas que pueden ser. La gente no tiene la capacidad de adivinar qué pasa por tu mente si tú no lo expresas. Y aquello que tú piensas quizá para ti tiene poco valor por venir de ti. Pero puede ser que para otras personas sea una idea brillante, distinta, innovadora o incluso la solución a un problema. A veces dejamos de dar valor a nuestra forma de pensar y actuar, porque estamos tan acostumbrados a ella que nos parece fácil. Pero como todos somos distintos, lo que a ti te parece cotidiano y normal, a otro puede parecerle revelador. Si no hablas de ello, nadie lo podrá descubrir.

Deja que te conozcan a ti y a tus argumentos, a tus proyectos y a tu trabajo. Y si tienes miedo de que te copien, lo tendrás que asumir. Es cierto que hay personas que intentan aprovecharse del trabajo de los demás, pero también hay muchas otras con ganas de colaborar y trabajar en equipo. Y si el miedo te convierte en una persona tan precavida como para no presentar tus proyectos, quizá nunca lleguen a ser conocidos.

El mundo laboral, de las parejas y las amistades, y todo tipo de relaciones, están en este momento en continuo cambio. Es muy fácil ser visible y hacer contactos. Pero tienes que salir de tu zona confortable para darte a conocer. Muchos cantantes, grafiteros y artistas de todo tipo se hacen visibles a través de canales como YouTube e Instagram y terminan convirtiendo en viral su trabajo. Y, con ello, alcanzan su sueño. Si no estás en las redes sociales no existes.

5. Formalidad, formación y preparación

Debes conseguir entrar en un grupo, hacerte escuchar y ser creíble. Pero lo difícil a veces no es entrar, sino mantenerte. La estabilidad y la credibilidad te la darán tu seriedad y responsabilidad en el trabajo. Las personas nos fiamos de la formalidad. Y esta se demuestra:

- **Siendo puntual.** Las personas puntuales nos transmiten compromiso y seriedad profesional. Cuando alguien tiene que esperarte, interpreta que no te organizas, que faltas el respeto a su tiempo o que estás saturado de trabajo y gestionas mal tu agenda. Hacer esperar a alguien es ponerte en contra a esa persona antes de empezar. Da muy mala imagen y es algo que puedes evitar.
- **Cumpliendo los plazos que acuerdes.** Por impresionar o querer quedar bien, no te comprometas con plazos irreales que te van a estresar y te van a obligar a realizar un trabajo con mediocridad. Trata siempre de poner un plazo con el que puedas entregar el trabajo un día antes de lo marcado. Así tendrás un día de margen por si ocurre algún imprevisto.
- **Atendiendo a las personas y no evitándolas.** ¿Te ha ocurrido alguna vez tener que perseguir a algún profesional que debe entregarte un trabajo o darte una respuesta, o al que solo has pedido un presupuesto? Da muy mala imagen no atender a las personas. Si no tienes tiempo para encargarte de todo el trabajo que llevas entre manos, entonces dosifícate, repártelo, establece prioridades o coge un ayudante, lo que sea, pero atiende tus compromisos. Nadie quiere trabajar con alguien que no tiene tiempo para atenderle. Si por algún motivo no puedes contestar una llamada inmediatamente, porque estás en una reunión o en la consulta del médico, responde en cuanto puedas, devuelve siempre las llamadas perdidas. Nos gusta relacionarnos con personas educadas y formales, y devolver una llamada forma parte de las normas de protocolo. No hacerlo es una conducta arrogante, pasota y soberbia.
- **Expresándote de forma oral y escrita sin faltas de ortografía o gramaticales.** No hay nada que empeore más la ima-

gen de alguien que oír atropellos gramaticales. Cuando escucho en televisión los típicos laísmos, me dan ganas de cambiar de canal. Y cuando veo escritos en Twitter los típicos «haber» o «a ver», pero mal utilizados, sabiendo que no son fruto del despiste ni del corrector, suspiro e invoco el diccionario con una exclamación.

- **Autocontrolándote.** Las personas que no manejan sus emociones distan mucho de parecernos buenos profesionales. Cuando tienes argumentos suficientes, sobran las expresiones exageradas, los aspavientos con las manos y brazos, elevar la voz u otras maneras de llamar la atención. Quien tiene razones y argumentos sabe que con ellos es suficiente para convencer.
- **Mostrando respeto y educación hacia el otro.** Deja hablar, escucha y valora al cliente, al deportista o a tu hijo. Nos gusta relacionarnos con personas de trato fácil. Son aquellas con las que no hay que adivinar qué día tienen para poder hablar con ellas con franqueza. Sabes que siempre tendrán una sonrisa, un volumen adecuado y una palabra amable. Generan un clima de tranquilidad a nuestro alrededor en el que es fácil conversar y relacionarnos.

Lo que tú ves en ti es lo que los demás ven en ti. Si no cuidas esa imagen interior y exterior, quizá nunca llegará nadie a darte la oportunidad para poder demostrar lo eficaz, apasionado y preparado que estás. No se trata de vender un caballo-secretaria, no existen. Pero sí de tener la oportunidad que mereces. Porque tú eres real y valioso.

12

Una compañera de viaje llamada «voluntad»

> Hay una fuerza motriz más poderosa que el vapor, la electricidad y la energía atómica: la voluntad.
>
> ALBERT EINSTEIN

> Si hay algo en nosotros verdaderamente divino, es la voluntad. Por ella afirmamos la personalidad, templamos el carácter, desafiamos la adversidad, reconstruimos el cerebro y nos superamos diariamente.
>
> SANTIAGO RAMÓN Y CAJAL

Uno llega a obtener el Premio Nobel por muchos motivos. Indudablemente, por tener una mente privilegiada dotada de un gran talento y de creatividad. Pero también por la perseverancia, por no dejarse vencer, por seguir luchando por un sueño y por el trabajo y el esfuerzo. Y detrás de todo esto, se encuentra la voluntad.

El famoso estudio del test del *marshmallow* de la Universidad de Stanford, realizado entre los años sesenta y setenta, demostró que la capacidad de los niños para controlar los impulsos decidiendo la propia línea de conducta predecía el éxito de esos niños en un futuro. A un grupo de niños, de entre cuatro y seis años, se les puso delante una gominola en forma de nube y se les dijo que, si eran capaces de esperar sin comérsela hasta que llegara otra vez el investigador, les premiarían con dos nubes. Lo que el investigador les comunicaba era lo siguiente: «Toma, aquí tienes una nube de azúcar. Puedes comértela ahora o puedes esperar. Si esperas y resistes sin comértela, te daré otra nube dentro de un rato». Los niños que fueron capaces de resistir la tentación fueron mejores estudiantes en la universidad y profesionales con más éxitos que los que no fueron capaces de resistirse.

La mayoría de los objetivos nuevos que nos marcamos a primeros de año, en septiembre, al cambiar de trabajo o en momentos puntuales, no llegan a buen término. Son muchas las causas que intervienen en el fracaso. Pero la más importante es el cambio en sí, que implica salir de la zona confortable. Esto último es algo que odia nuestro cerebro. Implica más gasto energético; poner en marcha la creatividad cuando hemos sido educados para pensar como quieren que pensemos; más esfuerzo; cometer errores y enfrentarnos al fracaso. Y ante tanto factor estresante, desistimos. Pero si fuésemos capaces de hacer uso de la fuerza de voluntad, todo sería más sencillo. La voluntad se puede entrenar, no forma parte de nuestro código genético, pero sí de nuestros valores. Y estos se educan, se practican, se adquieren y pasan a formar parte de nuestra filosofía de vida.

¿Qué es la fuerza de voluntad? Es la capacidad que tenemos las personas de controlar el placer inmediato, de posponerlo, para dedicar el esfuerzo y el trabajo a lo que en ese momento es nuestra obligación o nuestro objetivo. Lo contrario podría ser la conducta irreflexiva o impulsiva, que nos lleva a actuar más respondiendo a las emociones en lugar de hacerlo según lo que nos conviene o lo que consideramos nuestro deber. La fuerza de voluntad está relacionada con el autocontrol. Fuerza de voluntad es poder decir no y parar en lugar de dejarte llevar.

Consejos para entrenar tu fuerza de voluntad

Menos pensar, más actuar

Si hay alguien que es capaz de boicotear tus planes, ese eres tú mismo. Tienes al diablillo metido en el cerebro, al que le encanta estar abanicándose en el infierno, sin dar un palo al agua. El diablillo es sabio, sabe mucho sobre excusas, holgazanería, placeres inmediatos y otras cosas, pero sobre voluntad, no sabe nada. Todo lo que supone un esfuerzo, el diablillo lo fastidia: «Pero dónde vas a correr a esta hora de la mañana, con el frío que hace y con lo a gusto que estás en la cama; venga, mujer, ¿de verdad que te vas a poner las zapatillas?, pero si llueve, anda, anda, anda, no te metas en nada». Y tú lo escuchas, argumentas con él y cedes. El diablillo tiene muchos argumentos para convencerte. Date cuenta de que se ha dedicado a ello toda la vida. Toda la vida saltándose las normas, justificando sus errores en lugar de afrontarlos, y convenciéndote de que no pasa nada por cruzar los límites. Pero eres tú el que debe elegir no escucharlo. Porque hablar, lo que se dice hablar, no se lo puedes prohibir, aunque sí puedes decidir no dar valor a todos sus argumentos vagos y perezosos. Y que no se te ocurra razonar con él, ¡seguro que te convence y te gana! Y ya conoces cuáles son las consecuencias cuando pierdes esta batalla: sentimiento de culpabilidad, baja autoestima porque no te ves capaz, remordimiento y retraso para conseguir los objetivos. De verdad, ¡no vale la pena!

Consejo: no le dirijas la palabra, ni un solo argumento. Ten preparada la técnica del disco rayado. Consiste en repetir una frase una y otra vez, con el mismo tono de voz, sin dejar que el otro razone contigo. Puedes decirle algo así como «vale, lucifer (*lucifer* sin mayúscula porque este personaje no se merece tal honor), para ti la perra gorda (y la *perra gorda* y no el *euro* porque este hombrecillo es muy antiguo, por si no supiera el valor del euro), pero yo salgo a correr».

Cambia de hábitos

Si hablamos por ejemplo de hacer una dieta, es preferible no prohibir alimentos, pero sí aprender a comer de forma distinta. Si cambias tu cesta de la compra; el orden de los alimentos en la nevera; tu ritual a la hora de comer, por ejemplo comer despacio y disfrutar del momento en lugar de ir a toda prisa; investigar nuevas recetas y cocinar distinto, seguro que te será más sencillo perder peso. Las prohibiciones nos incitan a acometerlas, son atractivas y suponen un reto para el cerebro. Y esto es algo que hemos hecho desde muy pequeños. Recuerda esa imagen en la que decías a tu hijo o sobrino, con apenas un año, «no toques eso» y, de forma muy graciosa, tu sobrino o tu hijo acercaba lentamente el dedito para comprobar qué pasaba si hacía lo que no debía. Contrariamente, los pequeños cambios pueden ser atractivos y un aliciente para la persona que desea un objetivo. Los cambios nos sacan de la zona confortable, pero también es cierto que despiertan la curiosidad y el interés, sobre todo si se relacionan con un objetivo que nos motiva.

Consejo: trata de hacer pequeños gestos que te obliguen a hacer cosas de forma diferente, que te obliguen a salir de la zona confortable y trabajar con un poquito más de esfuerzo. Esto refuerza y entrena tu voluntad. Para poder entrenar esta facultad, puedes hacerlo independientemente de tu objetivo: cambia la ruta cuando vayas del trabajo a casa, come o lávate los dientes con la mano no dominante, lee algo que no sea de tu interés, aunque sea una columna corta en el periódico, corre doscientos metros más de lo previsto o haz diez abdominales más. No recortes tus acciones, esfuérzate.

Elige en qué invertir tu voluntad

Tenemos un número de fuerza de voluntad limitada al día, así que no puedes exigirte en todo. Las exigencias y el perfeccionismo son enemigos de la fuerza de voluntad. Tienes que elegir los frentes en los que invertirla. Al igual que no entras al trapo en todas las provocaciones que sientes a lo largo del día, lo mismo ocurre con la voluntad. No trates de querer perder peso, dejar de fumar, empezar a hacer ejercicio, beber menos, aprender un idioma nuevo y cumplir con todos los compromisos que nos marca la televisión acerca de lo que tenemos que beber, comer y practicar a diario. Podrías reventar solo de planteártelo. Si la fuerzas y la desgastas, termina por dejar de ser efectiva. Por eso al final del día tenemos más probabilidad de perderla que a primera hora de la mañana. Es fácil empezar una dieta en el desayuno, lo difícil es resistirse por la noche a las tentaciones.

El psicólogo Roy F. Baumeister, de la Universidad Estatal de Florida y uno de los principales estudiosos de la fuerza de voluntad, dice que nos pasamos mucho tiempo al día controlando. No solo controlamos cuando tomamos decisiones sobre qué hacer o qué no hacer, sino también controlamos pensamientos y emociones. Controlas más de lo que imaginas, pero no eres consciente de ello.

Consejo: elige el objetivo en el que vas a utilizar parte de tus reservas de voluntad. Y cuando ese objetivo se haya convertido en un hábito —después de una media de 66 días—, entonces, a otra cosa, mariposa. Vuelves a elegir un nuevo objetivo y a por él. Ordena, si es posible, las tareas más tediosas, las que menos te apetecen o las más complicadas para realizarlas cuando más voluntad tienes. Si empiezas a hacer uso de la fuerza de voluntad por la mañana, por la noche llegarás exhausto. Un ejemplo respecto al consumo de alcohol: si te gusta tomar una cerveza en tus comidas y has decidido tomar solo una cerveza al día, lo mejor es reservarla para la cena. Si la tomas al mediodía pensando en que por la noche podrás controlarlo, lo normal es que por la noche tomes esa segunda que estás intentando controlar. Pero si decides resistirte a la del mediodía, que te resultará más fácil, disfrutarás mucho más la cerveza de la noche sabiendo que has cumplido con tu propósito.

Aprende a buscar motivaciones internas, que den significado a tus cambios

Los premios, como pagar a los que hacen lo que deben, anulan la fuerza de voluntad. La persona aprende a buscar siempre una recompensa externa. La recompensa tiene que ser el orgullo por el deber cumplido, poder actuar según lo que te conviene, ser fiel a tus objetivos, etc.

Necesitas buscar qué sentido tiene para ti implicarte en alguna actividad u objetivo. Sin sentido, la fuerza de voluntad será escasa.

El sentido es el significado. Por eso nos cuesta tanto seguir los consejos de los demás, porque lo que sirve a unos, no sirve ni motiva a otros. Busca tu motivo y tu sentido. ¿Para qué lo haces?

Consejo: cuando tu hijo te diga: «Papá, mamá, ¿qué me dais si recojo la basura?»; contéstale que las gracias. Y punto. Lo mismo puedes hacer contigo mismo. Refuerza tus valores, pero no te premies con un dulce si has cumplido con tu dieta. ¡Si justo es lo que estás tratando de controlar! Cuando inviertas en fuerza de voluntad y consigas lo que te has propuesto, acuérdate siempre de reforzarlo y darte valor: «Qué grande soy, he podido, he sido capaz; es increíble, con las pocas ganas que tenía...».

Pensar que sí puedes aumenta la probabilidad de poder

Decimos que la fuerza de voluntad es como un timón porque te guía hacia el objetivo deseado. Cuando dejas de tener fuerza de voluntad te sientes como un barco a la deriva. El timón está en manos de tus pensamientos, de tu monólogo interior. Lo que te dices influye en cómo te sientes y en lo que haces o dejas de hacer.

Consejo: ten preparado un pensamiento condicional efectivo: «Si esto..., entonces...». Te ayudará a tener una respuesta eficaz y que la situación no te coja por sorpresa. Imagina que tienes un cóctel después de un acto de trabajo y estás a régimen. Tu cardiólogo te ha dicho que es necesario perder peso porque estás en unos márgenes muy poco saludables. Las bandejas con canapés, vinos, cervezas y pastelitos van a estar paseando delante de ti todo el rato. Tienes que estar ahí porque es en esos momentos en los que más negocio se genera en los encuentros y conversaciones informales. Vete preparado: «Si me ofrecen una copa de vino, entonces les diré que me traigan un zumo de tomate, un agua o algo sin azúcar»; «Si me ofrecen jamón con pan tostado untado con tomate, entonces solo picaré del jamón». Elegir antes de vivir la situación, permitirá que no tengas que debatirte con el diablillo cuando te diga: «Pica, pica, que son dos días».

El altruismo y los buenos gestos

Kurt Gray, de la Universidad de Harvard, demostró que si inviertes tu tiempo y tu dinero en una buena acción, te sentirás reconfortado y aumentarás tu fuerza de voluntad. La presión en este caso viene dada, además de por cumplir con tu propósito, por el hecho de que tienes que elegir si invertirlo en algo que posiblemente te perjudique, o dedicarlo a un bien comunitario. Es un dilema moral y ético del cual a las personas les gusta salir vencedoras. Es peor sentirse mal por haber sido poco solidario que por no haber tenido la fuerza de voluntad suficiente.

Consejo: imagina que has decidido ser más prudente con tus ahorros y en cómo gastas el dinero. Últimamente has gastado mucho de forma impulsiva y las cuentas empiezan a no cuadrar a final de mes. ¿A qué podrías dedicar una décima parte del dinero que ibas a gastarte en un bolso que no necesitas? Si has ahorrado el dinero del bolso, dedica un 10 por ciento de ese ahorro a una hucha para favorecer alguna causa que concuerde con tu escala de valores.

Sé consciente de cuánto controlas y de todas tus renuncias

Hacen más ruido los fracasos que los éxitos. ¿Eres consciente de lo que has conseguido en el día de hoy, en esta semana, en el mes, en tu puesto de trabajo, en tu vida? Seguro que no. Porque tus éxitos los interpretas como «lo que deberías hacer» y por ello no merecen ser tenidos en cuenta. El problema es que si la atención está puesta en lo que no controlas y a eso le das valor, terminarás por identificarte con la etiqueta de que no eres una persona con fuerza de voluntad. Y te comportarás más como si no la tuvieras que como si la poseyeras.

Consejo: lleva un registro o un diario en el que contabilices todos tus «controles». Cada vez que seas capaz de hacer una renuncia, anótala, y escribe también cómo te hace sentir. Antes de escribir tu diario, haz una valoración general: «Tengo un 4 en fuerza de voluntad». Y cuando lleves un mes escribiéndolo, vuelve a evaluarte. Seguro que la puntuación ha subido. Y no solo porque ahora estés más pendiente, sino porque, hasta este momento, cuando has trabajado tu fuerza de voluntad esta ha pasado desapercibida. Seguro que tienes más voluntad de la que imaginas.

Deja de evitar las cosas

Cuando restringes en tu vida todo lo prohibido, tampoco puedes entrenarte para saber cómo vas a reaccionar cuando algo de lo que has dejado de hacer o consumir esté al alcance de la mano. Incluso el fenómeno de la saciedad termina por fortalecer la fuerza de voluntad. Es lógico que, al principio, si te has puesto a dieta, si has decidido reducir el consumo de alcohol, no compres nada que pueda hacerte romper los límites. Pero no puedes limitar tu vida y dejar de salir con amigos por miedo a «picar» en los restaurantes. Terminarás tan cansado de tanta limitación que querrás dejar de hacer dieta. Tienes que tratar de llevar una vida medianamente normal.

Consejo: no evites las cosas, anticípate a ellas. *Anticiparse* significa planificar qué «picarás» si sales con amigos, llevar una lista al supermercado; en definitiva, elegir la línea de conducta adecuada para minimizar la impulsividad.

Ojo con las expectativas. Lleva una vida equilibrada

La fuerza de voluntad se nutre de glucosa y de descanso. Si no te alimentas de forma adecuada, incluyendo por supuesto los hidratos de carbono que tu cuerpo necesita, y no duermes para tener un sueño reparador, la voluntad se desgasta.

Parece contradictorio que, para hacer una dieta en la que te privas de azúcar, tu cerebro necesite glucosa para poder seguir haciéndola. Esto es sentido común. Así que mucho ojo con las dietas milagrosas, los tratamientos milagrosos, las terapias milagrosas de cualquier tipo, porque los milagros, en Lourdes... y con dudas.

Consejo: si quieres perder peso, asesórate por un profesional con RIGOR. Si tienes problemas del tipo que sea, asesórate por un profesional con rigor. La seudociencia la dejamos para otro momento. Si pones tu cuerpo y tu cerebro al límite, no tendrás ninguna de las fuerzas, ni la de voluntad ni la física, que necesitas para funcionar con normalidad y disfrutar de la vida.

Apóyate en la gente

Si tu fuerza de voluntad no se activa, que te ayude un amigo. Por lo menos en alguna ocasión. Está claro que hacer deporte en equipo es una motivación extra. Al igual que trabajar en equipo en la empresa. Las personas que te quieren y que valoran tu trabajo, la familia, los amigos o los compañeros de trabajo podrán ayudarte a cambiar el estado emocional en época de vacas flacas. Contar con un grupo de apoyo es esencial para dar el primer paso cuando no encuentras la fuerza suficiente. Si dejas de salir a correr a la hora que te propusiste, no te fallas solo a ti, sino también al grupo.

Consejo: busca a alguien a quien «empujar» y busca también a alguien que te empuje a ti. Compartir y trabajar en equipo puede ser tremendamente placentero. Para ello necesitas ser flexible, tolerante y saber delegar.

Y por último... desmitifica la fuerza de voluntad

Lo de Rocky es una película. Y sus vídeos pueden inspirarnos muchas veces e insuflarnos la motivación que nos hace falta. Pero la voluntad no es algo inagotable, y mucho menos un recurso que divida a las personas entre los dignos (los supermanes que pueden con todo y alardean de tener una fuerza de voluntad infinita) y los no dignos (que son los que no la poseen o creen tener menos).

Consejo: cuando te falte la fuerza de voluntad, tira de otro recurso. No es la única aliada para conseguir lo que deseas.

Como adultos educadores, padres, madres, entrenadores, maestros, personas de influencia, tenemos que sacrificarnos para educar la voluntad de las personas a las que dirigimos. Flaco favor hacemos sobreprotegiendo a los nuestros para que no sufran. Tratamos de que no se frustren, de que tengan una vida cómoda con todo a su alcance, y con ello les limitamos su capacidad de lucha. No aprenden a invertir esfuerzo y a perseverar, porque a las primeras de cambio hemos cubierto sus necesidades. Incluso antes de que las tengan. Si los niños no aprenden desde pequeños a tener paciencia e invertir el esfuerzo necesario para alcanzar sus objetivos y conseguir logros, terminarán por convertirse en adolescentes caprichosos, vagos y carentes de motivaciones. Y no serán capaces de competir de forma sana por un puesto de trabajo o por superarse a sí mismos. Nadie se lo habrá enseñado.

13

Si eres exigente contigo y con tu hobby, un día dejará de serlo

Si con todo lo que tienes no eres feliz, con todo lo que te falta tampoco lo serás.

Erich Fromm

La autoexigencia y la conducta perfeccionista son grandes enemigas del placer y del equilibrio. Nos somete a una presión innecesaria, propia de una persona irresponsable. Siempre he pensado que la presión solo era para los que no cumplen con los plazos, con las tareas, en definitiva para los que postergan. ¿Por qué? Porque las personas solo deberíamos ocuparnos de lo que depende de nosotros, de lo que podemos controlar, y si hacemos eso, ¿para qué queremos más presión? No aporta nada positivo, solo te recuerda lo importante que es esta prueba, este proceso de selección o este partido, y con ello lleva tu mente a fantasear con lo horrible que sería no conseguir el objetivo. De ahí a la ansiedad, solo hay medio metro.

Estamos confundidos. He oído a muchos de mis pacientes frases del tipo: «Pero si no me presiono es como si no me importara el partido»; «Necesito que todo esté perfecto para estar tranquilo»; «Me exijo, me exijo y me exijo, esta es mi filosofía de vida». Y claro, por eso son mis pacientes, porque ninguno es capaz de manejar emocionalmente las consecuencias que comportan los valores que creen que son buenos para ellos. Y es que todo tiene un límite y tenemos que tender al equilibrio.

No buscamos exigencia, sino disfrutar. No buscamos ser perfeccionistas, solo responsables. De pequeños nos han educado en estos valores, y está muy bien lo que nos dijeron, pero en la dosis adecuada. Comer manzanas es saludable, pero no dos kilos al día. Con la exigencia ocurre lo mismo. ¿Dónde está el límite? En las señales, ¿te sientes frustrado, ansioso, desmotivado? Cuando cruzamos los límites nuestro cuerpo y nuestra mente nos dan señales, pero la mayoría de las veces no las escuchamos o las malinterpretamos. Pensamos que nos estamos quejando o poniendo excusas. Y no es así. Estar cansado no es sinónimo de que seas un vago, es solo un dato empírico de que tu cuerpo y tu mente se han sometido a un sobreesfuerzo. Y si quieres seguir entrenando, trabajando o practicando tu afición con frescura y acierto, necesitas darte un descanso.

Existen varias investigaciones muy interesantes sobre la autoexigencia y la autocrítica. Se ha descubierto que en el cerebro se activa una zona que impide que tú generes un cambio cuando te criticas duramente. El cerebro no quiere que sufras e inhibe la posibilidad de cambiar. La autocrítica está estrechamente relacionada con la autoexigencia. Cuando le pregunto a un paciente que por qué lo hace, que por qué se habla a sí mismo en esos términos, me contesta que quiere aprender, y autocensurarse duramente hará que no se le olvide. No funciona así: autocensurarse hiere, debilita y centra la atención en las debilidades propias, pero no anima ni genera un aprendizaje mayor. La ciencia ha demostrado que la crítica debilita tu capacidad para estar atento y hacer cosas nuevas con eficacia. Tampoco solemos tratar mal, ni humillar, ni faltar el respeto, ni atosigar a los miembros de nuestros equipos cuando se equivocan, no solemos gritarles: «Pero ¿cómo puedes cometer este error tan estúpido? Es que es de parvulario». No lo hacemos porque sabemos que, de hacerlo, nuestro compañero, hijo o pareja se sentiría mal, se bloquearía y no sería capaz de levantar cabeza para volver a intentarlo. Si no agredes a otros, ¿por qué lo haces contigo? Es absurdo, ¿verdad?

Ser autoexigente con las responsabilidades no lleva a realizarlas mejor. Y tampoco funciona con tus aficiones. Si has empezado a correr, a hacer dieta, a tocar la guitarra o a ir a clases de pintura, si es algo que has elegido tú porque te apetece y lo disfrutas, ¿qué haces mezclando la exigencia con el placer? Si sigues en esa línea terminarás por renunciar a tu hobby porque se habrá convertido en otra responsabilidad más en tu vida.

¿Te has planteado por qué tienes que demostrarte todo el tiempo que eres bueno en todo o por qué tienes la necesidad de superarte siempre, y cada vez más? Quizá se esconde detrás una baja autoestima o no estar satisfecho contigo mismo tal y como eres; quizá necesitas corresponder a lo que se espera de ti, o mejor dicho, a lo que tú crees que se espera de ti.

¿Sabes por qué, aun estando seguro de que te hace daño, sigues exigiéndote? Porque es el defecto más valorado. Las personas autoexigentes presentan niveles de implicación, compromiso y esfuerzo que muchas otras personas son incapaces de alcanzar. Y la gente valora y refuerza esa actitud. La diferencia está en que ellos, los no exigentes, quizá son más felices que tú, con sus imperfecciones, con sus errores o con su tiempo libre para poder disfrutar de él.

Consejos para disfrutar más y sufrir menos

Acéptate, ya eres perfecto

La perfección consiste en ser imperfecto, tú, yo y el hijo del vecino. Dado que la perfección no existe, la propia imperfección pasa a ocupar su lugar. Podemos ver un maratón en el que se baja la marca de forma increíble, puede parecernos perfecto, y con los años, volver a reducir en décimas o segundos lo que parecía imposible. Nada ni nadie son perfectos, y esa es la gracia, que nos permite recrearnos en nuestra propia transformación. Ese «re-crearnos» debería ser un proceso, un juego, un aprendizaje, pero nunca debería producir sufrimiento.

Deja que tus placeres sean más fuertes que tus deberes

Se trata de una afición; incluso cuando se trata del trabajo, si el placer por realizarlo fuera mayor que la presión por hacerlo perfecto, el nivel de calidad aumentaría. Y también aumentaría tu satisfacción con el proyecto, y con ello tu autoestima, tu seguridad, tu paz interior y tu bienestar percibido.

Regula tus metas para que puedas disfrutar de ellas

Si te exiges de más, será difícil alcanzarlo, y tu afición, en lugar de generar paz, relax o diversión, se convertirá en una actividad frustrante para la que no estás a la altura. Quizá no deberías proponerte ni siquiera metas, sino guiarte por sensaciones: «Hoy salgo a correr ¿Cuál es mi meta? El placer de correr».

«Debo, tengo, siempre, nunca, no soporto...» son expresiones típicas del exigente y perfeccionista. Son palabras que te someten. Aprender a relacionarte contigo con dulzura y amabilidad te permitirá disfrutar de lo que haces.

Momento libreta...

Trata de escribir una lista con tus «debería»:

1. Debería entrenar más días a la semana.
2. Debería esforzarme más cuando nado, y nadar unos 200 metros más.
3. Debería ser capaz de tocar más la guitarra entre clase y clase.
4. Debería dibujar mejor de lo que lo hago para las clases que llevo.

Y ahora pregúntate el porqué de cada caso y contesta. Por ejemplo: «¿Por qué debería entrenar más?». En este caso, seguro que no encuentras una respuesta muy lógica, y si lo hicieras, algo así como: «Para ser más rápido», pregúntate otra vez por qué lo deseas. ¿Era ese el motivo por el que iniciaste tu afición, para ser más rápido o para practicar un deporte con el que disfrutar?

Verás que muchos de tus «debería» responden a «esto es lo que se espera de mí». Los «debería» los vamos incorporando a nuestro sistema de valores sin cuestionarlos. Son «deberías» de nuestros padres, maestros, entrenadores, pero que ni siquiera te has parado a razonar o a decidir si los quieres tener en tu vida. «Debería ser constante con mi deporte» porque de pequeño me enseñaron que la constancia es importante para alcanzar las metas. Y así es, pero quizá un hobby no es algo que requiera tanto la constancia y sí más el placer. Porque quizá es a través de una actividad placentera cuando consigues ser constante.

Trata de debatir tus «debería», llega al fondo de ellos y quédate con los que estimes que se ajustan, ya no tanto a tu escala de valores, sino a los valores que te gustaría tener para ser más feliz. Y aquellos que elijas tener, transfórmalos en «podría», «sería conveniente», «es un opción»... Por ejemplo: «Es una opción ir a correr hoy, veré si luego me apetece». La persona que se habla en estos términos parece segura. No necesita ponerse límites y deberes, porque se siente feliz eligiendo opciones, porque sabe que su elección no le convierte en mejor ni peor persona, pero sí en alguien libre.

Ten un «miramiento» con la exigencia

Deja la exigencia para contadas ocasiones, dado que alguna vez la necesitarás para salir adelante, como pueden ser una época de mucho trabajo o una fecha límite. Ser exigente, ocasionalmente y si tienes un fin muy justificado, no es perjudicial. Lo insoportable es ser exigente y perfeccionista con cada una de las actividades de tu vida, tanto profesionales como personales. Elegir cuándo serlo te hace libre.

Deja de impresionar a los demás y deja de impresionarte a ti

La gente te quiere tal y como eres, corriendo todos los días de la semana o solo dos. Con las aficiones todo está bien, basta solo con que seas feliz practicándolas. Uno de los motivos de por qué la gente busca la perfección es por sentirse aceptado, valorado, bien visto, para poder promocionarse, para no defraudar... y la mayoría de las veces nadie te pide ese nivel de perfección. Incluso llega un momento en el que solo lo sabes apreciar tú. Puedes hacer la prueba: si le dices a un grupo de amigas que sales a correr día sí y día no, y que corres cinco kilómetros cada vez que sales, les parecerá fantástico, y si les dices que en lugar de cinco, corres siete, les parecerá igual de fantástico, no van a apreciar esa diferencia de dos kilómetros.

Busca emociones que te permitan ser feliz

La serenidad y la alegría son dos características fundamentales para vivir una vida plena. La serenidad requiere aceptar que tu afición se basa en el disfrute, en el aprendizaje de nuevas experiencias, en la curiosidad por lo nuevo, pero no en la superación forzada. Superarte y crecer deben formar parte del proceso, pero de manera fluida. Que sea un «lo que acontezca».

Sé amable contigo mismo

¡Que no se te ocurra criticarte! Cuando no cumplas con tus expectativas, sé compasivo contigo mismo. Criticarte no va a sumar. Practicar el machaque tiene un nivel de utilidad cero y es una conducta poco inteligente. Valora más y critica menos.

La exigencia no te devolverá la sonrisa

Es al revés, relajarte, aceptar y sonreír hará que te sientas pleno con lo que haces. Tienes sobrevalorado el perfeccionismo y la exigencia porque crees que son rasgos de la personalidad que están bien vistos. Y no es así. Es más, resulta muy duro convivir como pareja, padre o compañero de trabajo con una persona autoexigente, porque termina pidiendo a los demás su mismo ritmo de trabajo. ¿No te das cuenta de que no eres feliz con este rasgo de la personalidad?

Proponte ser flexible

La rigidez está asociada a la exigencia. Los exigentes tienen claro cómo se hacen las cosas perfectas y no hay otra vía más que esa. Se marcan horarios de inicio y de finalización, definen cuál es la calidad de un trabajo o de un entrenamiento, el número de horas que hay que invertir y el nivel de cansancio que deben tener. Para ellos todo se mide, porque si no, no existe la posibilidad de comparar si se han superado o no.

Momento libreta...

Define en qué vas a ser flexible y anárquico en cuanto a tu afición. Trata de no planificarte, de no cumplir alguna vez con lo acordado en tu afición, exponte a fracasar y a ser poco responsable. No se trata de promover la falta de responsabilidad, sino de aprender a convivir con las emociones como la ansiedad y la frustración, fruto de no cumplir con lo que tu mente rígida dice que es perfecto. Acepta esas emociones y déjalas estar, nada más. No necesitas justificarte ni decir que mañana volverás al buen camino.

Practica tu afición en equipo... y adáptate al ritmo del grupo

Los exigentes odian trabajar en equipo porque nadie es tan rápido, tan comprometido y tan meticuloso como lo son ellos. Así que practicar tu afición en grupo, como salir en bici, correr o bailar, te obligará a adaptarte a los ritmos de quienes disfrutan y practican su hobby relajadamente.

Concéntrate en lo agradable

¿Qué disfrutas de tu afición, qué te hace sentir bien, exigirte o reír, escuchar la música o ensayar más, no cometer fallos en los pasos de baile o dejarte llevar por el achuchón de la pareja que baila contigo? Como siempre, todo depende del foco de atención.

Además, el aprendizaje pasa por el disfrute. Es muy difícil aprender más y mejor si no te sumerges con pasión y deleite en lo que haces. Así que déjate llevar y concéntrate en todo lo que te atrae de tu hobby. Y no pienses solamente en lo que depende de ti. Hay un entorno, compañeros de afición, la sala en la que bailas, los maestros o entrenadores que te enseñan, todos forman parte del proceso y todo puede ser un placer cuando le prestas atención

Lo que has hecho hoy es perfecto

De lo que has realizado hoy, no existe un desempeño óptimo mejor. Puede que mañana aprendas otra técnica de carrera, o te sientas más fuerte, pero lo que has hecho hoy es lo mejor de todo lo que podías haber practicado. Quédate con esta idea.

La cara oculta de la autoexigencia esconde a una persona con baja autoestima, en busca de la aprobación de los demás, exigente en sus relaciones personales, irascible, dubitativa, con necesidad de reconocimiento, insegura, controladora, planificadora y previsora, frustrada en muchas ocasiones, triste, insatisfecha con sus resultados y con su esfuerzo y con pánico a fracasar.

Son muchas las consecuencias negativas y mucho lo que tienes que perder por exigirte de más y no disfrutar de lo que te rodea. Ya que se puede cambiar, hazlo.

14

El placer anticipatorio

Cada cosa tiene su belleza, pero no todos pueden verla.

CONFUCIO

Utilizamos en psicología la expresión «miedo anticipatorio» para explicar a las personas que la simple idea de pensar en estresores desencadena en el cuerpo la respuesta de ansiedad y la emoción del miedo. Nuestro cerebro está configurado y tiene una aplicación gratuita, que no necesitas ni descargártela porque la traes de serie, capaz de estar atenta y alerta a todas las amenazas de la faz de la tierra. Es una aplicación muy útil, porque hasta ahora nos ha permitido ponernos a salvo cuando identificábamos que íbamos a ser atacados o cuando nuestra vida podía estar en peligro de... ¡muerte! Pero nosotros, debido a que nos encanta jugar con las aplicaciones e ir superándonos subiendo niveles, lo hemos bordado. Hemos alcanzado un nivel extraordinario en el que somos capaces de activar la respuesta de ansiedad y miedo sin ni siquiera estar en peligro. Ahora hemos alcanzado tal nivel de perfección que la activamos cuando nos presentamos a una entrevista de trabajo, jugamos un partido de tenis, vamos al supermercado a hacer la compra, nos montamos en un ascensor, quedamos con amigos para tomar algo o tenemos que hablar en público. De verdad, los seres humanos somos fantásticos.

Ironía aparte, ¿por qué hemos conseguido activar el miedo y la respuesta de ansiedad en situaciones que no lo requieren? Por el miedo anticipatorio y porque somos muy listos, muy inteligentes, tenemos memoria y aprendemos. Y una vez que hemos experimentado una situación en la que hemos sufrido o que hemos interpretado como posible causante de sufrimiento, lo aprendemos, lo guardamos en la memoria, y no se nos olvida ni aunque nos lo propongamos. Sin embargo, intenta recordar fechas de las batallas y de las guerras más importantes y, salvo que seas historiador o un apasionado de la historia, ya verás como no te acuerdas de casi ninguna.

En este capítulo no vamos a hablar ni de la ansiedad ni del miedo, sino de todo lo contrario. Igual que existe el miedo anticipatorio, diseñemos una nueva aplicación: el placer anticipatorio. Si pensar en lo que puede fallar nos pone nerviosos, pensar en lo que puede salir bien —dos más dos son cuatro— nos genera bienestar.

Y si parece una tarea tan sencilla, ¿por qué no tenemos este hábito? Básicamente las personas no practican el placer anticipatorio por cuatro motivos:

- Hay personas a las que les parece poco humilde. La idea de pensar en el éxito, en que se puede ganar, conseguir el trabajo, superarse, alcanzar las metas, ¡y encima disfrutar de todo ello!, les parece ostentoso y prepotente. Pensar en el éxito significaría que uno es exitoso, que está lleno de virtudes (qué maravilla si pensáramos así), y no les han educado para reconocerse como seres completos, maravillosos y merecedores de cosas buenas. Así que esa idea les hace sentirse incómodos. Es mejor pasar de puntillas y pensar que se es mediocre. Sea verdad esto último o no, no se da la nota. Este es el sentir del primer grupo.

- Otros se acogen a la conducta supersticiosa: «No lo cuentes ni lo pienses, que luego se gafa». Claro, el pensamiento es mágico y consigue anular el futuro. Pero cuidado, solo cuando el futuro es próspero, y no cuando anticipamos desgracias, el pensamiento no «gafa» nada. Al contrario, le damos una credibilidad tan alta que caemos en la profecía autocumplida y lo conseguimos.
- Un tercer grupo son los falsos negativos. Hay personas a las que no les gusta pensar que las cosas pueden salirles bien, no sea que luego no suceda así y tengan que asumir un fracaso. Piensan que anticipando el lado negativo de la vida se protegen de emociones como la frustración y la pena una vez llegado el momento de fracasar ¡Con lo complicado y poco usual que es un fracaso en nuestras vidas!... si estamos llenos de ellos. Y muchos más que deberíamos cometer y aceptar y que nos sirvieran de aprendizaje. Porque nuestros errores forman parte de nuestro ADN y son inevitables y necesarios para evolucionar.
- El cuarto grupo son los negativos redomados. Ellos quisieran dejar de sufrir y de pensar en términos catastróficos, pero no han entrenado sus pensamientos para conseguirlo. Sufren por todo y viven en un mundo amenazante para los suyos, para ellos y para todos. Saben que es un sinvivir, pero no conocen otra alternativa. De los cuatro grupos, son los que merecen más compasión. Para los tres primeros, anticipar lo peor es una elección. Para este cuarto grupo, la única posibilidad.

La buena noticia, a pesar de tener estos cuatro grupos de sufridores, es que al final todos queremos lo mismo: ser felices, vivir con serenidad y sufrir lo menos posible. Y por ello tenemos una serie de derechos de los que no siempre somos conscientes o que no siempre recordamos. Repite conmigo, alto y claro... y convencido:

- Tengo derecho a ser feliz y disfrutar de placeres sin justificarme por nada.
- Tengo derecho a disfrutar de mis proyectos y decisiones y a no sentirme juzgado por la escala de valores de los demás.
- Tengo derecho a cosas buenas en la vida, a pensar en ellas y a prepararme para el momento en que ocurran.
- Tengo derecho a equivocarme y a volver a intentarlo cuantas veces estime oportuno.
- Tengo derecho a no sentirme un fracasado por mis errores.
- Tengo derecho a estar bien conmigo y con mi vida.
- Tengo derecho al PLACER ANTICIPATORIO.

¿Qué beneficios tiene el placer anticipatorio? Nuestro cerebro se prepara para lo que lo programamos. Si esperamos una situación adversa, nuestra atención estará pendiente de las señales negativas. Imagina una prueba deportiva o un examen. Si esperas fracasar, si anticipas lo que puede salir mal, esa es la información que tu cerebro entiende como relevante. De hecho son las coordenadas o los códigos que tú has introducido en tu mente. Así que llegada la prueba o el examen, la mente buscará las condiciones adversas, las preguntas más complicadas, tus sensaciones internas que te dicen que estás nervioso para así confirmar tu teoría de que la prueba es difícil o que no puedes superar el examen. ¿Te extraña esta coincidencia, la de anticipar y encontrar algo? Pues se debe a que tu cerebro solo te obedece. Como no puedes estar atento a todo, y tú llevas insistiendo desde hace días con que esto es complicado, que hay candidatos mejor preparados que tú y que no estás a la altura de la competición, tu cerebro termina seleccionando la información relevante para ti de toda la otra bomba informática. Solo te obedece.

Pero ¿y si realizas lo contrario? ¿Y si anticipas lo que podría ocurrir de positivo, que el examen es asequible porque has estudiado, que eres un candidato apto y tan bueno como cualquiera de los otros para ese puesto y que te sientes satisfecho con el trabajo o los entrenamientos realizados hasta el momento? Pues ocurriría que tu cerebro estaría programado para buscar y encontrar dentro de los miles de millones de estímulos informativos aquellos que tú has seleccionado previamente. ¿Esto te asegura el éxito, ganar la carrera o sacar matrícula? No, pero sí aumenta la probabilidad de que ocurra la mejor de las experiencias. Y sobre todo te protege del sufrimiento previo, esperando el peor de los escenarios.

¿Cómo podemos anticipar el placer de forma adecuada? Porque es evidente que no podemos pensar que somos los mejores, que aprobaremos con la gorra o que con presentarnos a la prueba lo tenemos todo hecho.

La mejor manera de anticipar el placer es a través de técnicas de visualización o imaginación guiada. Se trata de que crees imágenes mentales relacionadas con la experiencia positiva que deseas vivir. La visualización puede tener varias intenciones, o prepararnos para una prueba, una actividad o una experiencia, o simplemente para disfrutar de recuerdos o fantasías que nos hagan sentir placer, como relajarnos o emocionarnos. Fíjate en la diferencia entre los dos escenarios:

Escenario 1: «miedo anticipatorio». Empiezas en tu nuevo puesto de trabajo. Piensas que eres el último en llegar, que no sabes si puedes encajar o no, que ha habido despidos y que no entenderán por qué hay un contratado nuevo e incluso quizá crean que eres un enchufado. Tienes miedo a que te rechacen y haya un ambiente hostil. Dudas sobre si esperar a tomar café con tus nuevos compañeros o si deberían ser ellos los que te pidieran que les acompañases a desayunar.

También tienes miedo a no realizar con soltura las nuevas tareas, a no lograr los objetivos y a que todo esto suponga no pasar el período de prueba. Estás en casa y dudas hasta de lo que deberías ponerte en tu primer día, no quieres ir demasiado arreglado y tampoco parecer en exceso informal.

Todo ello hace que tengas el estómago revuelto, no eres capaz de desayunar tranquilo ni de disfrutar de este momento tan importante en tu vida.

Esto es visualizar, imaginar, fantasear, pero en lugar de hacerlo con lo maravilloso que podría ser tu primer día, lo haces con todo en lo que puedes fracasar.

Escenario 2: «placer anticipatorio». Piensas que es tu primer día de trabajo. Te sientes pletórico y orgulloso de ti. Llevabas más de un año y medio sin empleo y esta es tu oportunidad. Recuerdas que pasaste la entrevista de selección de forma espectacular, disfrutaste de ella y de todo lo que te comentaban sobre tus funciones en el puesto. Sabes que encajas perfectamente.

Imaginas que llegarás con una sonrisa y serás amable con tus compañeros, ofreciéndote para lo que necesiten y con el firme propósito de dar lo mejor de ti. Les preguntarás de forma amable si no les importa que les consultes cuando tengas alguna duda y que te disculpen los primeros días hasta que te hagas con las funciones propias del puesto.

Hablarás con tu jefe inmediato y le dirás lo interesado que estás en aprender, y te imaginarás preguntándole cualquier duda, con corrección y paciencia. Te ves sintiéndote a gusto en el puesto, ofreciendo bombones que has llevado para ser cortés y celebrar tu primer día, y pidiendo a tus compañeros que por favor te avisen de los horarios de café porque estás deseando conocerlos y compartir ese momento con ellos.

Como puedes adivinar, lo que sienten las personas que imaginan estos escenarios tan distintos para un mismo momento es muy diferente: miedo frente a ilusión. No cambia la situación, sino el enfoque, lo que cada protagonista elige anticipar en cada momento. En el primer escenario, la persona es presa de lo que opinan los demás, de sus errores, de no ser capaz y, en definitiva, de todo en lo que puede fracasar. Solo el hecho de pensar en ello desata la respuesta de miedo y ansiedad. Y lo normal es que en el momento en que entre por la puerta de su nuevo despacho, los compañeros perciban lo que desprende. En el segundo escenario, el protagonista imagina lo positivo, nada irreal y todo posible. Piensa en cómo comportarse él, no en la respuesta que recibirá de los demás, en tener detalles, en contar con errores y tener paciencia, en ofrecerse, en ser proactivo invitándose a desayunar en lugar de esperar a ver cómo reaccionan con él. En el segundo escenario el protagonista tiene control sobre la situación, elige y busca alternativas positivas basadas en lo que depende de él. Nada que no pueda ocurrir de forma real.

La visualización prepara al cerebro para lo que va a suceder, aumenta la concentración y la atención, favorece la motivación y activa las zonas responsables de la ejecución aunque no estés actuando de forma real. Al imaginarlo, tu cerebro actúa como si fuera a poner en marcha los circuitos que te llevan a ejecutar lo que estás visualizando. Si se realiza de forma correcta, queda grabado en tu memoria y tu información imaginada se halla en estado de alerta esperando el momento perfecto para ponerlo en práctica. La persona que trabaja con técnicas de visualización puede tener la experiencia de éxito sin haberla vivido y esto favorece su seguridad y confianza.

La visualización o imaginación funcionan de forma similar a como lo hace el aprendizaje por imitación. Tú preparas aquello que deseas imitar en forma de imágenes, películas o secuencias en tu cerebro y, luego, lo reproduces. Puedes imitarte a ti mismo o a un deportista que realice un movimiento o jugada que te gustaría aprender. También puedes imitar el comportamiento o la reacción de alguien optimista cuando se enfrenta a un problema. Puedes imitar todo ayudándote de tus neuronas espejo. Esta técnica que románticamente llamamos en este capítulo «placer anticipatorio» es un instrumento adecuado para modelar e imitar una técnica, un movimiento en particular o para sugerir un estado emocional y/o físico bajo el que uno quiere competir, comportarse o solucionar problemas.

Puedes seguir estos consejos para anticipar el placer:

1. Elige una actividad.
2. Visualiza el escenario completo, no solo lo que quieres hacer. ¿Dónde es, quién te acompaña, qué climatología y qué tipo de luz tienes? Cuanto más se parezca a la realidad, más fácil será sentirlo.
3. Céntrate durante la visualización en lo que depende de ti. No pienses que el examen será fácil, que los rivales falla-

rán o que todo será maravilloso. Solo tienes que visualizar cómo vas a intervenir tú en tu historia. Es lo único controlable.

4. De todo lo que puede ocurrir, céntrate en tus fortalezas y en tener éxito. ¿Qué sabes hacer bien? ¿Has vivido alguna vez una situación similar y lograste salir vencedor? ¿Cómo?
5. Háblate durante la visualización en positivo, date ánimos verbales: ¡bien, genial, así, disfruta, te lo mereces!
6. Estate atento a lo que sientes: orgullo, alegría, seguridad, fuerza, entusiasmo, ilusión.
7. Piensa que esto es lo que mereces.
8. Entrénate. Para visualizar con nitidez y mantener la concentración durante la técnica, necesitas entrenarla. Al principio te costará estar completamente atento, pero ocurre lo mismo que con cualquier ejercicio de meditación, que solo necesita tiempo, paciencia y amabilidad contigo mismo para que funcione bien.

Momento libreta...

Piensa en un objetivo, un proyecto o cualquier actividad por pequeños que sean. Y detalla cómo te gustaría que fuera el proceso. Este es el que al final te conduce al resultado. Describe solo el proceso, lo que depende de ti, lo que quieres sentir, pensar y hacer.

Una vez escrito, cierra los ojos y trata de vivir de la forma más real posible la historia que has relatado. Cuando finalices y abras los ojos, observa cómo te sientes.

La vida son disgustos y placeres. Muchos de ellos vienen solos, sin buscarlos. Hay piedras puestas en el camino, ¿de verdad que vas a añadirte tú otras más, anticipar piedras que no existen y sufrir sin saber que las vas a encontrar? Es preferible anticipar placer, prepararte para experimentarlo y vivirlo de forma plena.

15

Cuando estés mal, haz tu mínimo

> Es mejor cojear por el camino que avanzar a grandes pasos fuera de él. Pues quien cojea en el camino, aunque avance poco, se acerca a la meta, mientras que quien va fuera de él, cuanto más corre, más se aleja.
>
> San Agustín

¡Qué mala es una «depresión»! Me refiero a esas depresiones de estar por casa, no a los trastornos del estado de ánimo clínicamente diagnosticados, que son algo muy serio. Me refiero a ese día malo, emocionalmente triste, apático, en el que te sientes inservible, en el que serías capaz de quedarte en la cama sin hacer nada a sabiendas de que luego podrías sentirte mucho peor.

Esos días son frecuentes para muchas personas y ocasionales para otras. Pero son conocidos por todos. Son días bucle. Significa que una cosa lleva a la otra y te ves encerrado en una dinámica dañina. Sabes que seguir en ella te hace daño, pero te cuesta mucho salir de la espiral. Como sabes que no has iniciado el primer paso, dejas de dar el segundo y se concatenan la dejadez y la vagancia en lugar de los éxitos, y pasan las horas del día sin que hagas nada que te favorezca. Esos días bucle son «totales»: total, ya te has levantado tarde; total, ya has desayunado algo que estaba fuera de la dieta; total, si ya llegas tarde a donde ibas; total, si no te has duchado ni te has arreglado... para esto, te quedas tirado en el sofá o sigues durmiendo en la cama. Y entre un total y otro, no haces nada. Y al final del día viene la peor parte. Si pensabas que ya te sentías mal por no actuar, lo que te espera cuando eches la vista atrás es demoledor. Y es que la dejadez está mal vista, mientras que la fuerza de voluntad está muy valorada. No hacer nada, dejarse arrastrar por la desmotivación y la pereza tienen un castigo. Y el peor no es el de tu jefe, profesor o entrenador, ni siquiera el de los amigos. El peor castigo es el que viene de ti mismo. Porque podemos ser muy dañinos con nosotros. Empezarás a culparte por no haber sido capaz de sacrificarte, de levantarte, de ser responsable y por un montón de cosas más. Tu nivel de apatía subirá hasta el infinito y te sentirás peor que cuando abriste los ojos por la mañana.

La tríada psicológica —pensamientos, emoción y conducta— se interrelaciona e influye entre sí. Por eso, al sentirte mal en un momento determinado, actuaste dejándote llevar por las emociones, les diste credibilidad y te dejaste vencer. Y todo esto, aliñado con unos cuantos —por no decir cientos— pensamientos negativos e inútiles que no te dejaban disfrutar a solas de tu pena: «No deberías quedarte hoy en casa»; «No eres responsable»; «Estás dejando tirados a los otros del equipo, no estás a la altura»; «Siempre tienes un problema que no sabes cómo resolver», etc.

Te sientes mal debido a que hay algo que te produce tristeza: una separación, un dolor de cabeza, problemas personales, una discusión con algún amigo, el diagnóstico de una enfermedad, la ansiedad, el miedo o simplemente el cansancio... y además ese factor o factores se refuerzan por tu falta de compromiso. El hecho de que te dejes arrastrar por la tristeza potencia tu estado anímico. Estás triste por tu problema, además de que te sientes avergonzado y frustrado por no ser capaz de tomar las riendas de tu vida. Y aunque parezca que estoy hablando de algo catastrófico, no lo es. Mucha gente se siente muy mal, no por dejar de asumir responsabilidades serias, sino por no ser capaz de cumplir con la dieta, con la práctica de su deporte, con la asistencia a sus clases de inglés o con hacer los recados que tenía previstos durante el día.

No te pido en este caso que cambies tu forma de pensar, ni siquiera de sentir, solo que *hagas tu mínimo*. Tu mínimo es algo más que no hacer nada. La inactividad total es lo que hace que te sientas muy mal, pero si pones un poquito de tu parte, no se romperán del todo tu rutina y tu responsabilidad, y con ello, mejorará tu autoestima y bienestar. Ejemplos de mínimos son:

- En lugar de correr tus 5 km habituales, sal a correr 15 minutos.
- Si no has podido ir a trabajar, contesta algún correo desde casa.
- Si no tienes ganas de cocinar, piensa en lo más sencillo, como algo a la plancha.
- Si no te quieres arreglar, solo date una ducha.
- Si tienes atrasado un proyecto, un informe, un artículo..., abre el archivo y realiza una «tormenta de ideas» sobre lo que tienes pendiente.
- Si tienes una agenda sobrecargada, haz una sola cosa, la que más te apetezca.

Cualquiera de estas actividades será mejor que no hacer nada. Se trata de no romper el vínculo, de no dejar la rutina. Y trata de realizarlo sin exigencias. Ten un pensamiento del tipo: «Bueno, me pongo con esto, lo mínimo, nada más... y luego ya veré».

Si estás triste y desanimado, lo último que necesitas es presionarte para hacerlo todo o por no haber hecho nada. Cualquier tarea requiere un nivel de activación adecuado, y hay días que no podemos ponerlo en marcha. También es cierto que hay algunas responsabilidades que no podemos dejar de atender: recoger a los hijos, cuidar de su salud, prepararles la comida, etc. Pero darnos una licencia de vez en cuando no significa que seas un irresponsable, un descuidado o un vago.

Hacer el mínimo no es una actitud conformista, sino una conducta de esperanza. Se trata de no ofrecer resistencia a tu momento bajo, pero tampoco dejar que te arrastre. Cuando te lleva hasta el fondo, es difícil salir de él. De hecho, muchas personas que no se conocen desde el punto de vista emocional, a las que les cuesta detectar qué sienten, se sobrecargan, aguantan, se obligan, no atienden las señales de «stop» y, sin darse cuenta, un día revientan. Y tocan fondo. Sacar a alguien de un pozo de veinticinco metros cuesta mucho más que hacerlo de uno de tres metros.

Cualquier persona que se encuentra baja de ánimos ha pasado por muchos más momentos en los que se ha encontrado bien. Las emociones del momento pueden llegar a ser intensas y confundir a la persona. Todo se entremezcla, las emociones con la pereza y con los pensamientos, y llega un momento en el que uno no sabe ni por dónde empezar. Cuando te encuentres en una situación similar, hazte esta pegunta: «Si en este momento estuviera bien, ¿qué estaría haciendo ahora mismo?». Seguro que estás tan sumergido en lo que piensas, en cómo te sientes y en lo que te bloquea, que eres incapaz de prestar atención a las soluciones. Si sigues dando vueltas en la misma dirección y al mismo tema, «¿por qué estoy así?», «me siento incapaz, qué poca voluntad tengo», no aparecerá la salida. Esta está en dejar de pensar en lo mismo para empezar a fantasear con lo que te gustaría estar haciendo. Esto es lo que tienes que dejar de hacer:

1. Compararte con otros.
2. Juzgarte.
3. Buscar una explicación racional a tus emociones.
4. Lamentarte por lo que no has hecho hace un rato, hace dos horas o en toda la mañana.
5. Criticarte por no ser capaz de cumplir con tu objetivo o con tus obligaciones.
6. Tratarte mal y castigarte.

¿Por qué deberías dejar de hacer lo que te sugiero en estos seis puntos? Porque nada de todo eso ha funcionado hasta ahora como elemento motivador, ni ha conseguido sacar de ti lo que deseas. Nada de todo eso funciona.

En cambio, podrías estar haciendo lo siguiente:

1. Ponerle nombre a lo que sientes. Por ejemplo: «Siento tristeza».
2. No identificarte con tu emoción. Una cosa es lo que sientes —«tristeza»— y otra cosa es tu estado —«estoy triste»—. Trata de despersonalizarlo.
3. Aceptar que estás mal y la emoción.
4. Decidir qué valor deseas darle, observar esa emoción desde la distancia, como si fueras un espectador en el cine.
5. Pensar que eso es lo que sientes, pero que no tiene por qué limitarte.
6. Realizar actividades a otro ritmo. No se trata de un todo o nada.

Realiza estos seis pasos antes de quedarte bloqueado. No se trata de una batalla que haya que ganar, sino de un estado o de una emoción que hay que comprender. Si inicias una batalla contigo mismo y contra lo que sientes, terminarás perdiéndola.

En estos momentos necesitas de aliados dos ingredientes: la *compasión* y la *amabilidad*.

Ser *compasivo* significa entender el sufrimiento. Lo hacemos por los demás cuando entendemos su dolor, lo que les pasa, y por ello les acompañamos. La compasión se acompaña de grandes dosis de empatía. Hacerlo para otros suele resultar más sencillo que hacerlo por uno mismo. Ser autocompasivo no te convierte en victimista. Este es el que vive de la queja continua y de la lamentación. Ser autocompasivo significa respetar tus sentimientos, entenderlos y hacerles espacio. Cuando lo logras, también consigues ocuparte y cuidar de ti. Necesitas saber qué sientes, cómo te afecta, qué nombre tiene y qué significa en tu vida. Ser autocompasivo es ser humano contigo, tener licencia para equivocarte.

No tener ganas de hacer algo y no asumir tus responsabilidades son actos valorados con dureza y dejamos de tener esa compasión. Das más valor a lo que dejas de hacer, a tus fallos, que a lo que sientes. Es más, no te perdonas estar mal, porque eso te impide hacer lo que *deberías*. Te alejan de la autocompasión el perfeccionismo, la autocrítica constante y los juicios de valor que haces sobre ti.

Hasta ahora se había entendido la autocompasión como una forma de echar balones fuera, de buscar culpables a nuestras emociones. No es eso. No se trata de culpar a nadie, ni siquiera a ti. Se trata de aceptar que se puede estar mal, que es un estado natural, y de entenderlo para así poder responder y seguir adelante con nuestra vida.

Ser *amable* contigo es un signo de respeto hacia lo que eres. Es creerte merecedor de ese trato contigo mismo. Lo otro es menospreciarte y minusvalorarte. Ser amable contigo mismo es ser bondadoso. Y para ello necesitas considerar tus errores desde otra perspectiva, y relativizarlos. A veces te criticas duramente y eres muy estricto contigo, y al cabo de los días te das cuenta de que no estaba justificado. Pero ya has provocado el sufrimiento.

Momento libreta...

Piensa una situación en la que no hayas estado a la altura de las circunstancias.

- Si hubieras sido autocompasivo contigo, ¿cómo habrías actuado?
- ¿Cómo te habrías sentido?
- ¿Qué te habrías dicho a ti mismo para tratarte con amabilidad?
- ¿Te hubiera ayudado, hubiera sumado?

A partir de ahora, en lugar de encerrarte y mortificarte, trata de ir sumando mínimos. Mi siguiente mínimo, ¿cuál es? Lo mínimo es levantarme de la cama. Después de este paso, mi mínimo siguiente es... ducharme. Una vez superado este paso, mi siguiente mínimo es desayunar de forma relajada. Cuando quieras darte cuenta, habrás hecho mucho más de lo que imaginabas.

16

Reciclar los recuerdos: piensa bien para ser feliz

Tú eres muy malo. Tu interpretación, siempre negativo, nunca positivo. ¡Muy malo!

Louis van Gaal

Esforzarse en pensar bien; he aquí el principio de la moral.

Blaise Pascal

Hay personas que retienen todos los agravios, elaboran la imagen negativa de la persona o de la experiencia con todo lo peor y los traumas del pasado y esto les impide recordar con objetividad. Lo cierto es que ninguno lo hacemos, porque nuestra memoria está íntima y directamente relacionada con nuestras emociones. De hecho, estas fijan los recuerdos. Recordamos mejor aquello que experimentamos cargado de emociones, en sentido tanto positivo como negativo. Muchos estudios demuestran que, además, recordamos más y mejor las experiencias positivas. Pero no todo el mundo es capaz de quedarse con lo bueno. Hay personas que, cargadas de rencor, rabia y frustración, viven amargadas y se ven incapaces de cerrar carpetas del pasado, permitiendo así que las experiencias les condicionen las relaciones actuales y futuras. Las personas felices buscan quedarse con lo que les aportan los demás, olvidan o racionalizan los malos momentos y esto les permite seguir relacionándose sin rencor ni amargura.

Ante una ruptura o un conflicto con alguien, muchas son las personas que deciden idear una imagen negativa de la persona con la que han discutido. Piensan que buscando su versión egoísta, manipuladora, agresiva... se sentirán mejor y serán capaces de entender el motivo del conflicto, pero no es así. La mejor manera de olvidar a alguien es sentirte neutro respecto a lo sucedido, como si la persona no fuera alguien importante en tu vida. Y esto es todo lo contrario a lo que ocurre cuando odias o desprecias a alguien. Las emociones intensas nos impiden olvidar y dejarnos vivir en paz. Al final consigues que esa persona, a la que deseas desterrar, esté presente siempre en tu vida.

La impulsividad, los juicios de valor y la impaciencia nos llevan muchas veces a relacionar una experiencia con la interpretación que hacemos de ella. Vivimos una situación, hacemos un juicio de valor, extraemos una serie de conclusiones y a partir de ahí las guardamos en nuestra memoria a largo plazo sin cuestionarnos su veracidad y objetividad, sin preguntarnos: «¿Pude hacerlo yo mejor?»; «¿Quizá tuve más responsabilidad de la que imagino?»; «¿Lo hizo realmente con intención de ofenderme o dañarme?».

Pero ¿por qué nuestra memoria recuerda de forma sesgada? He aquí los motivos:

- **Para extraer un aprendizaje de la experiencia.** Las personas no queremos tropezar dos veces con la misma piedra.

Así que pensamos que cuanto peor recordemos la experiencia, mayor será la probabilidad de no repetirla. No es así. Las innumerables experiencias de la convivencia en pareja lo demuestran. Rompes con tu pareja, reniegas de ella, cuentas a todo el mundo lo mucho que te ha fallado, que no es viable la relación, y un mensaje romántico, un perdón, una promesa, hacen que te reconcilies. Quedarte con un mal recuerdo de alguien no es un sistema de aprendizaje.

- **Para no sentirnos tontos.** Las buenas personas tienen un corazón tan grande (recuerda la terapia de Teresa de Calcuta) que son capaces de ser compasivas. Pero asociamos ser bueno con ser tonto. Cuando alguien te falla, los que están a tu alrededor, y tú mismo, lo desprestigiáis, es como si fuera lo que corresponde hacer en ese momento. De hecho, si tratas de hablar bien de esa persona y de ser respetuoso, tendrás muchas opiniones en contra. En lugar de felicitarte por ser elegante y discreto, te dirán que eres tonto y que, si continúas así, esa persona seguirá tomándote el pelo.
- **Por venganza.** Deseamos que la persona tenga un castigo y por eso hablamos de ella con los demás y con nosotros mismos. La idea que subyace es que los otros se enteren de quién es realmente. No es la versión que otros tienen, sino la que te ha fallado a ti. Y necesitas contarla para que el otro no se quede «tan tranquilo». Pero realmente nosotros, cuando tratamos con una persona, lo hacemos en unas circunstancias determinadas, que no tienen por qué ser las mismas en las que esa persona interactúa con otros. Cada día sufrimos transformaciones, evolucionamos, y la versión que tú tienes hoy de alguien quizá no tie-

ne nada que ver con las experiencias de otros. Porque esa versión depende de muchos detalles: la escala de valores, las emociones vividas juntos, el comportamiento mutuo, etc. Es poco elegante querer abrirles los ojos a los demás, quedar tú bien y dejar al otro mal. Limítate a hablar de cómo te sientes y, en la medida de lo posible, elimina los juicios de valor.

- **Para cerrar la carpeta.** Ya lo hemos comentado. Para olvidarla, lo mejor es ignorarla. Y para ignorar algo, necesitas no sentirlo. De por sí, una ruptura o una experiencia traumática te genera emociones, pero si tú la adornas con interpretaciones y alarmismo, será mucho más difícil hacer borrón y cuenta nueva. Quédate tranquilo, olvidarla no es perdonarla, o sí. ¡Qué más da! ¿Buscas odiar a esa persona o ser tú feliz? Tu desprecio, tu odio o tu rabia, ¿harán que la vida le vaya mal? ¿Alterarás su destino? ¿Te sentirías bien si al final consiguieras que sufriera? No, no a todo. La intensidad y el desprecio solo te perjudican a ti, no al otro. El otro está a lo suyo, ajeno a tus emociones, intentando hacer lo mejor en su vida.
- **Para exculparte.** Si tu modelo explicativo está basado en la versión maléfica del otro, minimizas tu responsabilidad. La lectura es: «Si el otro ha fallado, yo no, o yo menos». Puede que en ocasiones sea así, que tú no tengas nada que ver. Pero es mejor pensar que no tuviste mala intención en lo sucedido, aunque, lo queramos o no, son muchas las ocasiones en las que sí tenemos algo que ver.

Primero, prevención

Pasemos a la acción. No todo es controlable, y mucho menos las relaciones personales. Pero sí debes tener en cuenta una serie de criterios acerca de aquello con lo que no deseas convivir. Así, en cuanto los detectes, podrás distanciarte en lugar de lamentarte *a posteriori*.

Distánciate de:

- **Las personas víricas.** Son aquellas que te infectan y te contagian su mal humor, su negatividad, su desprecio por la vida o sus problemas. Cuando hablas con ellas, terminas con menos energía de la que traías y con la sensación de que todo anda mal en el mundo. Son personas que hablan más de problemas que de soluciones, critican a los demás, se sienten agraviados por todo y suelen ser susceptibles. Es como si la vida les debiera una... o varias. No te dejes contagiar por este virus, así no tendrás que quejarte de haber vivido la experiencia. Poner freno es tan sencillo como pedir que cambien el tema de conversación, que dejen de hablar mal de otros o que se esfuercen en ver la parte positiva de sus vidas. Diles que ya tienes suficiente con tus problemas y que sería genial poder tener una charla en otro tono.
- **Los compromisos.** Muchos de los «noes» que no pronuncias se convierten en reproches internos y mal humor por ceder ante lo que no te apetece. Transformas tu falta de asertividad y habilidades sociales en culpa hacia la persona que te ha pedido algo: «No vuelvo a caer, la gente es que tiene mucha cara». Prefieres recordar así la situación, en lugar de pensar en tu incapacidad para decir que no. Y así no serás capaz de saber qué deberás cambiar en la próxima

oportunidad. La cara dura de la gente no la podrás cambiar; poner tus límites, sí. Antes de decir que sí a la ligera, piensa en las consecuencias y hazte responsable de tu monosílabo, sea el que sea. Es preferible perder un contacto que tu tiempo y tu salud. Si la persona que te demanda algo no es capaz de aceptar tu negativa, quizá no te conviene tener a esa persona muy cerca en tu vida.

- **El peligro.** Saltarte los límites puede ser muy atractivo, emocionante y cargado de adrenalina, pero los límites, las reglas y la autoridad existen por algo. Y cada vez que cruzas estas fronteras, te pones en peligro. Y el riesgo puede ocasionarte serios problemas con las personas, con la economía y con la salud. Si no quieres tener que cerrar la carpeta de un accidente, no te expongas a ellos en la medida en la que depende de ti y eres responsable.

Momento libreta...

Anota una experiencia sobre la que tengas recuerdos negativos. Piensa qué ocurrió, qué personas intervinieron y, sobre todo, la explicación que le das, cómo justificas lo ocurrido. Y cuando finalices, anota cómo te sientes y el grado de seguridad, del 0 al 10, que tienes sobre tu interpretación. Por ejemplo:

> Discutí con un compañero de trabajo. Me dijo que él se estaba cargando con todo el trabajo, que los demás no estábamos haciendo nada y que se cansaba de tirar siempre del carro. A mí me pareció egoísta y le dije que era mentira, que estaba queriendo quedar bien con nuestro director de proyecto y di un portazo y me fui de su despacho. Lo hace porque es un quejica y siempre está midiendo lo que cada uno aporta al grupo. Es muy cascarrabias y me saca de quicio. Del 0 al 10, podría darle un 7 o un 8 a mi interpretación. Mi sentimiento es de rabia, y cuantas más vueltas le doy, más enfadado estoy.

Prueba ahora a realizar el mismo ejercicio desde otra perspectiva. Olvida las consecuencias de lo ocurrido y piensa si se puede explicar de una manera más benevolente, si tú pudiste tener otro rol u otra responsabilidad. Y cuando finalices, anota cómo te sientes y el grado de seguridad, del 0 al 10, que tienes sobre tu interpretación. Por ejemplo:

> Si lo pienso desde la distancia y sin tener en cuenta que esta persona no me cae bien, podría pensar que es un cascarrabias pero que es muy trabajador, muy perfeccionista y muy duro con él mismo. Quizá no todos en el equipo llevan el ritmo que él quiere y eso le genera rabia. Quizá no sabe cómo pedirnos más implicación y se dedica a quejarse. Es posible que en lugar de querer quedar bien delante del jefe esté reclamando más intensidad en el proyecto por parte de algunas personas, pues es cierto que trabajan de modo más lento. Sigo pensando que es un cascarrabias y que me saca de quicio. Pero, del 0 al 10, podría dar a esta interpretación un 8 o un 9. Si lo contemplo sin maldad aunque no me caiga bien, me siento mejor, no me siento agredido.

Podrás comprobar que las emociones cambian cuando modificas tu interpretación de los hechos y que el nivel de veracidad suele ser parecido en ambos casos.

Segundo, actúa para solucionar

Lo que buscamos, más que el perdón de la otra persona, que también sería positivo, es dejar de sufrir. Por ello, para solucionar el conflicto desde nuestras emociones, deberíamos:

- **Bieninterpretar** a la persona que nos ha ofendido es una forma de gestionar el sufrimiento. De todos modos, nunca sabrás a ciencia cierta el motivo que le impulsó a comportarse así. Quedarte con una explicación benévola permitirá reducir tu rabia y poder olvidar. Por ejemplo: «Está atravesando una mala época»; «Yo en su lugar quizá hubiera hecho el mismo comentario»; «No tiene habilidades para expresar su enfado de otra manera»; «Puede que se sienta tan dolido con lo ocurrido que no ha sabido reaccionar de forma distinta», etc.

No justifiques nunca un maltrato, una agresión o una falta de respeto inaceptable. Nunca. Lo que sí puedes justificar es un olvido o que alguien no conteste con la ternura que esperas.

- **Aceptar el conflicto.** Las personas y las circunstancias no son perfectas, y tampoco son ni se comportan como a nosotros nos gustaría que fuera. Aceptar incluye dejar de tener una conducta victimista en la que te ves continuamente como el perdedor y el ofendido, y dejar de rumiar y darle vueltas a lo que pudo ser y no fue. Asume que las personas son distintas, y sus escalas de valores también, que la vida tiene su parte injusta y que esa injusticia no está relacionada con lo bueno o malo que eres. Y deja de luchar contra lo que no depende de ti.

  Observo en la consulta mucho rencor hacia padres y madres. Todos dicen que les hubiera gustado tener alguien menos protector, alguien que les potenciara más, que les criticara menos, que les exigiera de otra manera. Los padres tienen una enorme responsabilidad sobre la personalidad de los hijos, pero hubo una época, hace treinta o cuarenta años, en la que las circunstancias eran distintas. Hoy en día existen miles de manuales sobre cómo educar a los hijos para que sean autónomos, felices, positivos y más cosas. Pero muchos de los pacientes que me visitan, y que tienen en torno a los cuarenta o cincuenta años, vivieron en casa otras historias. Saber perdonarlos y aceptar que sus padres hicieron, en la mayoría de los casos, lo que estimaron mejor es una forma de encontrar la paz.

- **Asumir tu parte de responsabilidad.** Pensar en qué medida tú también eres protagonista es la mejor manera de quedarte en paz. Escoger la versión con la que deseas quedarte de la persona en cuestión es una forma de protección y de elección. Si aceptas que todo el peso del conflicto está en manos de terceros, no sabrás lo que tienes que cambiar de ti.
- **Trata de resolver el conflicto, si así lo decides.** En lugar de dar tanta vuelta a por qué pasó y si lo mereces o no, trata de pensar, si lo ves oportuno, en cuáles son las soluciones. Si la persona es importante en tu vida, quizá merece otra oportunidad, otra charla sin reproches, escucharla, entenderla, empatizar. Decide si perpetúas el conflicto y el mal recuerdo, o si intentas darle una solución. Y me reafirmo en lo dicho anteriormente: no des una oportunidad a quien te ha maltratado. En este capítulo hablamos de otro tipo de conflictos: problemas de comunicación, falta de cariño, faltas leves de respeto, manipulaciones, etc.
- **Trabaja la compasión.** Como escribe mi amiga Beatriz Muñoz en su libro *Mindfulness funciona,* puedes practicar una meditación que consiste en ser compasivo con la persona en cuestión. Se trata de imaginar a la persona de la que guardas un mal recuerdo, sentarla mentalmente delante de ti y desearle paz, bienestar, salud y que viva tranquila. Se trata de perdonarla para limpiar tu interior de rabia y frustración.

Un interesante estudio del psicólogo Dustin Wood revela que hablar bien y la percepción positiva del resto de las personas indica una satisfacción con nuestra propia vida. Así que practiquemos el «bieninterpretacionismo» para ser más felices.

No tenemos la certeza de por qué la gente actúa como lo hace, solo tenemos nuestra verdad, sesgada, pero no real. Así que, si nos dan a elegir varias opciones, busquemos la manera de ser felices a través de los recuerdos de nuestra visión del mundo y de las personas. Es más, si le pidiéramos a la otra parte que nos recordara una misma experiencia, la versión sería muy distinta. Nuestros recuerdos son sesgados, cargados de emociones, experiencias anteriores que se entremezclan con las que vamos memorizando, sujetas a las experiencias de otros que enriquecen nuestra memoria, pero la alteran, y condicionadas por la versión que queremos que sea y no la que fue.

17

¿Esclavo de tus emociones?

Sin emoción no hay proyecto.

Eduardo Punset

A veces no es posible estar alegre, pero siempre podemos estar en paz.

Anónimo

¿En qué momento decidiste que algunas de tus emociones formaran parte de tus rivales? ¿Por qué decidiste eliminarlas, combatirlas, negarlas, querer que salieran de tu cuerpo? Una de las respuestas a estas preguntas suele ser: «Porque me hacen sufrir». Y es cierto, buena parte de las emociones nos hacen sufrir, pero eso no justifica que las queramos sacar de nuestras vidas. Porque al hacerlo, negamos el proceso, el motivo y las soluciones de por qué se presentan en nosotros.

No podemos dividir el mundo de las emociones como se dividen los protagonistas de las películas del Oeste: los buenos, representados por el Séptimo de Caballería, y los malos, los pobres indios. Las emociones pueden responder a cualquier adjetivo, salvo a los de «buenas» o «malas»: placenteras, intensas, vivas, marchitas, reforzantes, informadoras, cargantes, útiles, inútiles, etc.

Las emociones se diferencian de los sentimientos. Una emoción es una reacción química y neuronal como respuesta a un estímulo o a una interpretación que hacemos del medio que nos rodea. Por otro lado, el sentimiento es la interpretación que hacemos de esa emoción y es más duradero en el tiempo. El sentimiento le da un valor a la emoción.

El primer error que cometemos con las mal designadas emociones «negativas», como la ira, la tristeza, el miedo, la frustración, la vergüenza, los celos, es querer que desaparezcan sin más. «Sin más» significa «sin tener conocimiento de por qué sientes esto, cómo se llama lo que sientes, qué aprendizaje puedes sacar de tus sentimientos, a dónde te llevan o si te permiten buscar soluciones».

Como podrás imaginar, tu mente es sabia, y tu corazón, tus impulsos y tu biología también lo son. Las emociones son de lo más primario, mucho más que nuestra capacidad de razonar. Pertenecen al cerebro reptiliano, y gracias a ellas, hemos sobrevivido. Todas las emociones tienen un sentido, un porqué. Cuando tienes miedo, tu mente interpreta que hay un peligro; cuando sientes asco, interpreta que algún alimento podría sentarte mal; cuando tienes rabia, es que algo está alterando tu equilibrio y esa emoción te pide que bajes el ritmo, que pongas las cosas en orden o que te alejes de lo que te hace estar acelerado; y cuando te marchitas, lloras y sientes tristeza, puede que hayas perdido algo valioso o que no estés atendiendo tus necesidades, tu tiempo y tu espacio, y te invita a la reflexión.

No soy una persona que sufra ansiedad o tristeza, pero ocasionalmente a mí también me sucede, como a todo el mundo. Cuando tengo ansiedad, la percibo porque me siento malhumorada y con ello decae mi capacidad de atención. No tengo taquicardia, ni me falta la respiración, ni sudo, pero sí siento que no tengo la serenidad suficiente y que llevo más temas de la cuenta en mi mente. Entonces me digo: «Patri, serénate, te estás pasando de rosca». Y aprovecho esa información para decir más «noes» de los normales, para poner límites a peticiones que no puedo atender y hacer renuncias para tener más tiempo.

Uno de los días en que me sentí más triste fue trabajando en una sesión de formación con un grupo de personas entre las que había cierta tensión. La discusión subió de tono y uno de los jefes llegó a gritarles a sus empleados e incluso a mí. La tristeza me hizo reflexionar y darme cuenta de que alguien estaba cruzando mis límites y que no lo podía permitir. Así que en la siguiente sesión de formación se lo hice saber. De forma respetuosa y habilidosa le dije que no quería que levantara la voz en mi taller a ninguno de sus trabajadores y que no quería que me hablara mal, aunque su mal humor no fuera conmigo. Tengo que reconocer que soy muy agradecida con mis emociones, porque son la señal de que algo no está marchando bien y me permiten corregirlo sobre la marcha. Gracias a estas correcciones, la tristeza o la ansiedad duran lo justo, no se eternizan ni son intensas. Muy diferente hubiera sido desatenderlas, seguir a un ritmo frenético, decir que sí a todo, no reservarme tiempo para mí... habría terminado con la tensión alta, sin dormir, consumiendo más café, e incluso mostrándome irascible. Puede que quizá me hubiese puesto a gritarle y se hubiera producido una situación completamente injustificada. Y lo mismo ocurre con la tristeza, de no haber reflexionado y decidido que hablaría con este señor, hubiera ido muy desmotivada al siguiente taller de esta empresa, quizá no hubiera preparado la sesión con pasión y no hubiera disfrutado nada de todo lo que me gusta en mis charlas. Así que gracias, ansiedad, y gracias, tristeza, por haberme permitido darle un giro a lo que me rodeaba.

Para corregir nuestro entorno y aprender de las emociones, tenemos que estar muy atentos y escucharlas, preguntándonos: ¿qué me están queriendo decir?

Momento libreta...

Haz un panel, en una cartulina o de modo virtual, en el que estén representadas todas tus emociones, las que conozcas, las que hayas vivido alguna vez, y adórnalas de información. Puedes ilustrarlas con formas, pintarlas de colores, ponerles nombre y apodo; por ejemplo: «Esta es mi decepción, apodada *Lost*, porque el final de la serie fue el chasco de mi vida». Al lado de cada una de tus emociones puedes poner alguna anécdota, los recursos que te ayudaron en ese momento, cuánto tiempo estuvo acompañándote... lo que tú decidas.

Se trata de hacer un mapa divertido e informativo que te ayude a conocerte mejor a ti mismo. Tu propio «emocionario». No se trata de recrearnos en la pena, de ser quejicas ni victimistas, sino de *jugar* con las emociones. El juego es divertido, y a través de este quitamos hierro a todo. Será además muy divertido ver que vas cambiando tu relación con las emociones en función de los años y de las experiencias. Al anotar al lado de cada emoción anécdotas, dentro de un tiempo, en el que ya habrás cerrado carpetas y las habrás trivializado, te parecerá muy gracioso haber reaccionado de una manera determinada en el pasado. Acuérdate de que en un mapa de las emociones pueden encontrarse todas ellas, las que te producen más bienestar y las que generan sufrimiento: inseguridad, ira, honestidad, asombro, pena, alegría...

Si no sabes ponerles nombre, no te preocupes. Las librerías

están llenas de «emocionarios». En estos libros puedes encontrarte todo tipo de compañeras de viaje: la ilusión, la fe, el desamparo, el aburrimiento, la esperanza, los celos, etc.

Las emociones requieren entrenamiento. Existen muchas personas que podrían considerarse analfabetas emocionales, que nunca han expresado cómo se sienten, que nunca han ahondado en sus sentimientos, por miedo, por ignorancia o porque culturalmente se les prohibió, porque «llorar es de niñas» o «la duda es para los débiles». No hay nada más limitante para el crecimiento personal que disimular, enmascarar o negar lo que sientes. Además de deshumanizarte, te impide evolucionar. Y es que las emociones nos dan información para algo... ¡para que reacciones y tomes una decisión! No son meramente informativas, sino inductoras de la acción. Si las ninguneas, las rechazas o las combates, no podrás ser eficaz en la gestión de tus problemas.

¿Te has preguntado alguna vez qué sería de nuestras relaciones personales si no sintiéramos compasión y sensibilidad hacia el otro? Quizá seríamos personas frías y calculadoras, incapaces de ponernos en el lugar de los demás. Esto nos llevaría a tener relaciones distantes, poco generosas, sin compromiso y afectivamente planas.

¿Y no te has dado cuenta de lo difícil que es tomar una decisión de forma racional? Muchos de mis pacientes me piden ayuda para tomar decisiones importantes en sus vidas: «¿Cambio de trabajo?»; «¿Sigo jugando en un equipo de la Liga española o me voy fuera, donde ganaré más dinero?»; «Tú que conoces mi historia, ¿crees que debería separarme? Es que no tengo claro si estoy enamorado o no»; «¿Debería hacer ese viaje, a pesar del miedo que tengo a volar?». No puedo tomar decisiones por mis pacientes, pero sí puedo decirles que el peso racional no siempre nos ayuda a tener clara la decisión, porque también intervienen las emociones, incluso antes que la razón. Muchas personas suelen tender a realizar análisis de ventajas y desventajas, a corto, medio y largo plazo, las ponderan y surgen soluciones clarísimas de lo que, racionalmente, deberían decidir. Y aun así no lo ven claro. A pesar de la facilidad, racionalidad y sentido común que entrañan estos ejercicios, cuando los pacientes lo tienen todo recogido en papel y valorado, no siempre son de ayuda. De repente te dicen: «Sí, sí, sobre el papel está clarísimo. Me conviene hacer esto, pero... no tengo esa corazonada». Hay veces que la sensatez y la responsabilidad, el análisis y todo lo racional se posiciona de un lado, y aun así, tú no lo ves. Porque donde manda el corazón, no manda marinero. Y la emoción tiene un peso poderoso frente a la razón. Con ello corremos el riesgo de equivocarnos, claro está, pero apostar siempre por lo que conviene nos llevaría muchas veces a vivir sin sentido. Y en este proceso también interviene la intuición. Y es que hay variables que no se pueden cuantificar. Están relacionadas con otros sentidos, con las pasiones y deseos y no sabemos cómo medirlas.

Tanto las emociones como la intuición son determinantes en la toma de decisiones. La intuición es controvertida porque no se basa en el razonamiento, y puede parecer que los seres humanos siempre buscamos la parte racional, contrastada y empírica que justifique que no nos vamos a equivocar a la hora de decidir. Es difícil definir la intuición, es un flash, una corazonada que aparece y nos dice que sabemos algo antes de que ocurra, que predecimos algo sin saber en qué se basa nuestra evidencia. La RAE define la palabra «intuición» como la «facultad de comprender las cosas instantáneamente, sin necesidad de razonamiento». Así que la intuición, como las emociones, es parte de nuestra sabiduría.

¿Cómo actuar en esas situaciones? ¿Hacemos caso a la intuición? ¿Nos dejamos guiar por las emociones, por lo que sentimos? ¿Y si nos estrellamos? Para poder hacer caso a la intuición en la toma de decisiones, tienes que medir el riesgo. ¿Es un riesgo asumible? ¿Perjudico a terceras personas, como mi familia, mis socios en el trabajo...? ¿Pongo en riesgo todos mis ahorros? Nadie puede contestar estas preguntas salvo tú mismo. No le pidas a un psicólogo que tome estas decisiones por ti. Tienes que tomarlas tú y hacerte responsable de ellas, con sus éxitos y sus fracasos.

Lo cierto es que la intuición muchas veces te lleva a acertar y a tener una vida más satisfactoria. Descartes dijo: «Pienso, luego existo». Lo que no afirmó es: «Pienso-racionalizo, luego acierto». Nunca debemos dejar de lado nuestra capacidad para razonar, pero no pongamos al pensamiento, la intuición y la emoción en extremos opuestos.

A partir de hoy mismo, no quieras no tener ansiedad, ni miedo, ni vergüenza, simplemente acéptalos en tu vida y trata de hablar con ellos. Te están diciendo algo. Se puede gestionar la ansiedad desde la serenidad. Parece imposible, ¿verdad? También se puede expresar enfado sin mostrar ira. Y ser eficiente, eficaz y resolutivo hablando en público a pesar de la vergüenza. Pero estamos tan acostumbrados a relacionar emociones con ciertos comportamientos, que tendemos a pensar que siempre deben ir juntos. No tengas miedo a tener la emoción, lo que debes plantearte es que la vida puede ser igual sintiendo eso que parece desagradable. Puedes ir a una entrevista de trabajo sintiendo inseguridad, pero trata de comportarte de forma segura, aunque sea imitando a alguien que sí lo es. Puedes volar con miedo, pero trata de meditar durante el vuelo, ver una serie en tu tableta, leer y distraerte. Puedes tener ansiedad ante una charla en público, pero si la preparas, te hablas en positivo y te visualizas con éxito, seguro que lo alcanzarás. La mayoría de la negatividad que anticipamos cuando sentimos una emoción no se produce nunca. Así que deja que la emoción se manifieste, pero no permitas que te limite. Dile algo así como: «Bienvenida, ansiedad, veo que estás por aquí, ¿has desayunado fuerte? Es que tenemos ahora una reunión de grupo complicadilla y no quiero que te desmayes. Ponte guapa, que nos vamos. Mantente callada y después de la reunión ya charlamos un poquito». Verás qué fácil es gestionarla cuando decidas ser el director de orquesta, en lugar de ser la orquesta. Permite que esté, pero no que mande. Mandas tú.

Tampoco justifiques todo en nombre de las emociones. Hay personas que, bajo la bandera de la pasión, defienden sus ideas de forma extremista. No es eso. Aunque es cierto que las emociones no son ni buenas ni malas, lo que sí puede acarrear un problema es la reacción que sea fruto de un estado emocional. La ira te lleva a dar voces; el miedo, a evitar situaciones y perder oportunidades; la tristeza, a marchitarte y dejar de relacionarte y participar en actividades atractivas; la desilusión, a dejar de esforzarte; la ansiedad, a precipitarte y actuar con prisa poniéndote en peligro, y así un largo etcétera. No tienes que eliminar las emociones, pero sí debes buscar la respuesta eficaz para cada situación. La reacción personal a las emociones se puede entrenar. Por eso es tan importante que busques actividades que las neutralicen.

Lo primero es aceptarlas y ponerles nombre, y luego, olvidarte de ellas. Incluso puedes observarlas, ver cómo se manifiestan en tu cuerpo, jugar con ellas, darles un color, mirar a qué órganos afectan. Cuando les hayas hecho hueco y no las interpretes como un enemigo del que defenderte, eres libre de elegir si quieres seguir observándolas o si te pones en marcha con alguna actividad que te lleve el foco de atención a otra cosa. Imagina que estás ansioso, que has observado a tu ansiedad, has decidido que es de color rojo y que habita en tu estómago, has hablado con ella y le has dicho que esté tranquila y que se quede ahí el tiempo que decida. Ahora que te has relacionado con tu ansiedad con serenidad, puedes decidir si sigues así o si sales a dar un paseo, o respiras de forma profunda, si lees, si sigues redactando ese correo que te empezó a estresar, o si, simplemente, no haces nada.

Tienes que dejar de relacionar emociones con comportamientos. Y aprender que la emoción existe, que es natural, biológica e informativa, pero que quien decide cómo actuar eres tú. Conducir te estresa, decide no pitar; tu jefe es agresivo y te da miedo, decide tratarle con amabilidad; la ansiedad te lleva a comer, decide tomar un té verde relajante y una manzana; hablar en público te genera incertidumbre, decide ver un vídeo divertido que te haga reír a carcajadas antes de tu exposición.

Antonio Damásio, profesor de neurociencia y uno de los grandes expertos en el ámbito de las emociones, decía que los marcadores somáticos influyen en nuestra toma de decisiones debido a que las emociones vividas en el pasado sesgan nuestra forma de comportarnos. Una situación traumática, como no haber logrado que tu amor hacia una persona sea correspondido, te puede llevar a que la próxima vez quieras evitar enamorarte de alguien porque la situación vivida fue dolorosa. Los marcadores somáticos también pueden influirnos de forma positiva. Si fuiste el mejor jugador del partido contra un equipo determinado en su campo, estarás deseando volver a jugar de nuevo allí contra ese rival. Así que decide si esos sesgos siguen sumando o si prefieres volver a establecer un nuevo marcador. Decídelo.

18

Licencia para ganar

La gloria es ser feliz. La gloria no es ganar aquí o allí. La gloria es disfrutar practicando, disfrutar cada día, disfrutar trabajando duro, intentando ser mejor jugador que antes.

RAFA NADAL

La voluntad de ganar es importante, pero la voluntad de prepararse es vital.

JOE PATERNO

Tener licencia para ganar implica ser valedor de la victoria, merecerla. Las personas se esfuerzan, trabajan, se implican, pero en los momentos de presión, cuando están a punto de besar la gloria, la idea de verse arriba y ganadores, les genera tal ansiedad y miedo al éxito, que puede hacer que en ese mismo momento se bloqueen, se encojan y pierdan. Por eso es importante saber que te pueden ganar, pero que no puedes dejarte vencer. Si es por actitud, que nadie te deje en el camino. Este es uno de mis lemas.

Pero ¿qué significa ganar? En el deporte y en la vida asociamos «ganar» con «el resultado». Uno gana cuando se lleva los tres puntos del partido, gana cuando consigue vencer el cáncer o cuando logra más votos en unas elecciones. Por eso ganar puede resultar muy frustrante, porque depende del fallo de nuestros rivales; de circunstancias no controlables, como es el curso de una enfermedad; o incluso de la suerte o el destino. La siguiente definición de la palabra «ganar» no es más que una de las diez acepciones que nos presenta la RAE: «Obtener lo que se disputa en un juego, batalla, oposición, pleito, etc.». Es la definición que menos me gusta, a pesar de que es el concepto que cualquier deportista o persona con sana ambición tiene en su cabeza. Para un delantero, ganar es meter goles; para un enfermo, ganar es recuperarse y volver a hacer vida normal y estar sano; para el que se presenta a un puesto de trabajo, ganar es conseguirlo, y para un ama de casa, ganar puede ser tener el cariño de los suyos y el reconocimiento de una comida elaborada con mimo y tiempo. En todos los ejemplos, ganar depende de terceros. Por eso vamos a contemplar la idea de ganar desde estas otras tres alternativas que propone la RAE y que nos permiten relacionarnos con la victoria desde la perspectiva del control y a través de nuestra implicación:

1. Lograr o adquirir una cosa; como la honra, el favor, la inclinación, la gracia.
2. Avanzar, acercándose a un objeto o a un rumbo determinados.
3. Mejorar, medrar, prosperar.

En los tres casos no se trata de ganar la prueba, ni de ganar a alguien. La competición no se establece con el rival, sino contigo mismo. Ganar se define por la capacidad de superarte. Ganas cuando superas tu marca, tus anotaciones, tus pases, tu estadística; ganas cuando mantienes el humor y te mantienes activo en el transcurso de la enfermedad o cuando te expresas con claridad, con positividad, con educación y entusiasmo en la entrevista de trabajo. Ganas cuando logras los objetivos que te marcaste en función de tu rendimiento. El éxito tiene que estar definido en función de lo que depende de ti. Porque el objetivo no es ganar, sino hacer las cosas bien.

Si planteamos la victoria desde la superación, desde lo controlable, tenemos dos ventajas:

- Bajar el nivel de frustración que genera invertirlo todo en algo, si a la postre no se alcanza el premio final. El premio se convierte en el camino, el proceso, los valores, lo que vas haciendo cada día que te acerca a la meta. Y lo que aprendes, que es de lo que debemos ir llenando nuestras mochilas.
- Responsabilizarnos de lo que ocurre. Ganar ya es algo tuyo, porque está definido según los parámetros que puedes mejorar. Esto nos da seguridad y control. Puedes cambiar los planes de entrenamiento, puedes entrenarte en habilidades sociales para la entrevista, puedes comer de forma saludable y hacer ejercicio para apoyar el tratamiento de tu enfermedad; puedes hacer muchísimas cosas, y en cada una hay una victoria. Disfrutar y hacer las cosas bien son los objetivos, y estos nos acercan al resultado. Este será consecuencia del trabajo bien hecho.

Centrándonos en las tres definiciones anteriores, lo que necesitas para ganar es: convicción para querer ganar, pasión, apostar por tu meta, confianza, planificarte, ser disciplinado, perseverancia, y prevenir y anular los obstáculos.

Convicción para querer ganar

«Merezco ganar. Me he esforzado para luchar. Quiero aspirar a todo, porque soy merecedor de ese premio, puesto, marca, etc. Estoy preparado, formado y entrenado, y siento que este es mi momento.» La duda debilita, te hace creer que los demás están mejor preparados que tú, que eres solo uno más. La duda te lleva a compararte, y normalmente no lo haces para comprobar tus fortalezas, sino para lo contrario: «Es más fuerte que yo, ha hecho una mejor temporada»; «Mira qué traje de chaqueta lleva, tiene clase y yo no parezco nada a su lado, seguro que al entrevistador le llama más la atención su presencia». Tú eres tú, eres especial, tienes encanto y diferencias respecto a todo lo demás. Por eso debes relacionarte contigo mismo en términos convincentes.

Pasión

¿Cómo vas a ganar si no te entusiasma el proyecto? Es muy difícil entregarte si no amas lo que haces. Para sentir la pasión, contempla lo que te atrae y no prestes tanta atención a lo que te desconcierta o desmotiva de tu objetivo. No hay una competición que se ajuste perfectamente a ti, ni una entrevista de trabajo perfecta, ni un proyecto laboral en el que todo, todo, todo te guste.

Si puedes elegir en qué ganar, escoge lo que te apasiona. Y si no pudiera ser, y te ves obligado a ganar en algo que no te llena pero que debes hacer, busca la parte que pueda ser atractiva. Por ejemplo: ganar en perder peso puede parecer poco atractivo porque renuncias a comidas suculentas, que te hacen feliz y calman tu ansiedad, pero sí puedes apasionarte con aprender a cocinar nuevas recetas saludables. A medida que vayas perdiendo peso, y con ello ganando la batalla, también te irás apasionando con tener una talla menos, con verte más ágil, fuerte y sano.

Apostar por tu meta

Debes correr un poco de riesgo. La vida son decisiones, perder, ganar, pero, sobre todo, jugar. Nada sucede si no participas. Tu lema, escrito y formulado desde la sana ambición, podría ser: «Si no vengo a ganar, no vengo a nada». Pero, cuidado, ganar es darlo todo, nada más. Recuerda que el objetivo no es el resultado, sino estar preparado para cuando llegue tu momento y, entonces, saber competir. Y para ello debes desearlo. Y saber que apostar también implica renuncias. Estate preparado para asumir un riesgo.

Confianza

Te da confianza tener todo lo controlable bajo control: antes, durante y después. El «antes» tiene que ver con la preparación, los entrenamientos, tu formación, etc., todo lo que has invertido para conseguir tu objetivo, y te recuerdo que esto ya forma parte de ganar.

El «durante» depende de cómo gestiones tus emociones en la competición, en la entrevista, negociando con un cliente, en un examen... Y también de cómo te hables a ti mismo en ese momento y del lugar en el que focalizas la atención. ¿De qué estás pendiente, del presente, de disfrutar del momento, o de los pequeños errores que vas cometiendo? Puedes darle vueltas a que has fallado un pase, o estar pendiente de cómo ganar el duelo en la siguiente jugada; puedes pensar que te quedan cincuenta preguntas por contestar y que dudas de tener tiempo suficiente, o centrarte en la pregunta del momento para responder de forma correcta.

El «después» hace referencia al momento en el que repasas qué y cómo lo has realizado. Darles vueltas a la entrevista y a los partidos pasados puede generarte mucha angustia si lo gestionas desde la autocrítica despiadada. Trata solo de extraer información relevante que te ayude para hacerlo mejor la próxima vez, nada más. ¿Qué has aprendido? Igualmente, trata de valorar mucho todo aquello de lo que te sientes orgulloso, para poder repetirlo en la siguiente oportunidad. Los trenes de la vida están pasando por delante de nosotros hasta que morimos. No existe un único tren que se te pueda escapar. Cuando termines tu competición, hazte esta pregunta: «¿Perdí o me ganaron?». Y refuérzate o pon soluciones. Así podrás superarte la próxima vez.

Planificarte

La capacidad de organizarte es fundamental a fin de tener tiempo para la preparación. Muchas son las personas que desean hacer mil cosas pero nunca consiguen nada. Y es que entre el deseo y el logro está la acción. Pero la acción pasa por tener tiempo, saber cómo, cuándo y dónde. No puedes ganar si no le haces hueco en tu vida, si no lo estableces como una prioridad. Ganar podemos hacerlo todos, pero son pocos los que invierten ese esfuerzo, tiempo, trabajo y dedicación.

Ser disciplinado

La palabra «disciplina» suena mal, pero ser disciplinado es la clave para tener éxito. Cuando la gente me pide que me defina, uno de mis adjetivos preferidos es «disciplinada». Significa que cumplo con una rutina, que tengo claro lo que es bueno y saludable para mí, que sé que para tener éxito hay que invertir en ello y lo hago. Para poder hacerlo necesitas renunciar a otros placeres más inmediatos: comida insana, levantarte tarde, estar más tiempo viendo la tele, jugar con la tableta en lugar de leer... entre otros muchos ejemplos. Ser disciplinado implica ser ordenado y cumplir con tus responsabilidades. Es tener autocontrol. Ser disciplinada me ayuda a poder hacer y disfrutar de todo, con mesura y serenidad.

Si has sido una persona caótica, orientada al «total, si vamos a vivir dos días» y esta filosofía te impide alcanzar tus metas, no tires la toalla. Para empezar a ser disciplinado, cualquier momento es ideal. Elige una sola actividad en la que quieras ganar y superarte. Trata de empezar por algo que sea sencillo. Inclúyela en tu rutina, sin forzar. Tendrás que hacerle hueco y para ello renunciar a algo. Y una vez que lo tengas decidido, no flaquees ni un solo día hasta que forme parte de tus hábitos. Si piensas: «Bueno, va, mañana...»; nunca empezarás.

Perseverancia

No bajes los brazos ni ante las dificultades ni ante el cansancio. Así es como se conquistan los minutos, los pasos, las pruebas que nos dan los títulos. Para ser perseverante tienes que aprender a manejar la frustración que genera el fracaso.

Es fácil empezar una nueva rutina. De hecho, muchas personas empiezan la dieta todos los lunes, pero el miércoles se les ha agotado la fuerza de voluntad. En el camino atraviesas emociones desagradables: aburrimiento, falta de motivación y desilusión, porque no pierdes los gramos que esperabas. Y son estos estados emocionales los que te frustran y, en lugar de esperar un poco más, decides querer sentirte bien de forma inmediata y romper la rutina. Y de repente, ¡zas!, das de baja el proyecto. Y con ello das de alta tu sentimiento de culpabilidad y tus etiquetas: «No soy capaz, no tengo fuerza de voluntad, no soy nada sacrificado, es que no puedo». Y un fracaso más alimenta tu desesperanza y te frustra, y con ello tardas un tiempo enorme en volverlo a intentar.

No te atormentes, no pasa nada. Tienes que fracasar muchas veces para poder ganar. Y tienes que seguir fracasando toda la vida si decides seguir creciendo. Recuerda que para ganar no se trata de plantearlo como un «todo o nada», sino de ir acercándote poco a poco a la meta. Unos días vas a ganar, y otros, aprenderás.

Prevenir y anular los obstáculos

Una buena manera de ganar es anticiparte a lo que pueda suceder. Hay personas que no desean saber en qué pueden fallar. Y yo misma soy partidaria de no pensar en lo que no queremos que pase. Pero anticiparnos es otra cosa, pues nos permite tener soluciones para los posibles obstáculos. Podemos preguntarnos, por ejemplo: «¿Cómo va a jugar el rival?»; «¿Qué tipo de errores puedo cometer?»; «¿Qué podría generarme ansiedad?»; «¿Qué clase de preguntas me espero del entrevistador?».

No podemos anticiparnos a todo, sería imposible. La vida tiene esa parte incontrolable, y los rivales, entrevistadores, exámenes, clientes y aficiones tienen su parte imprevisible. Esa imprevisibilidad también permite que estemos más atentos para poder resolver lo que surja en el momento presente.

Pero la experiencia es un grado y eso significa que, si no es el primer partido que juegas, quizá ya sabes que en el minuto 70 empiezas a estar agotado; y que sueles fallar las preguntas de doble negación porque te cuesta entenderlas; o que si tu cliente se muestra impertinente, sueles perder la paciencia y querer acabar rápido la negociación. En este sentido sí que puedes pensar en obstáculos, y en lo que es más importante: las soluciones, tu reacción, cómo te gustaría actuar si esto pasara...

No pretendas anticiparte a todo. Piensa solo en los tres puntos más importantes, que sean claves en tu proyecto. Esto tiene su término medio. Las personas que intentan controlarlo todo se vuelven obsesivas y al final no disfrutan, se vuelven muy inflexibles y les genera ansiedad el exceso de control.

Momento libreta...

Prueba a conjugar el verbo «ganar», contigo, con tus hijos, con tus alumnos o con tu equipo de trabajo.

¿Cómo se conjuga el verbo «ganar»? Una opción podría ser conjugarlo con verbos que hagan referencia a valores. Trabaja tu creatividad y observa lo que sucede:

- Yo *trabajo*
- Tú te *esfuerzas*
- Él *rinde*
- Nosotros nos *comprometemos*
- Vosotros sois *intensos*
- Ellos *luchan*

Tener licencia para ganar es ser competitivo, saber que en tu código genético está la capacidad de lucha. Con pasión, trabajo, dedicación y apoyo. El que tiene licencia para ganar no tiene excusas, y cuando aparecen obstáculos, decide solucionarlos o no atenderlos si no dependen de su intervención.

Si deseas poder ganar, centra tu atención en lo importante: planificar tu objetivo; mantener la ilusión, la emoción y la pasión; entrenarte; formarte; superarte; tener capacidad para sufrir; levantarte después de cada caída; trabajar duro; ser valiente; tomar decisiones y actuar. Nunca se deja de actuar cuando eres la protagonista de tu sueño. Esta es la victoria, la victoria sobre uno mismo. Decía Aristóteles: «Considero más valiente al que conquista sus deseos que al que conquista a sus enemigos, ya que la victoria más dura es la victoria sobre uno mismo».

19

Ni tóxicos, ni víricos, ni mala gente

> Muchas veces permitimos entrar en nuestro círculo más íntimo a los chismosos, a los envidiosos, a gente autoritaria, a los psicópatas, a los orgullosos, a los mediocres, èn fin, a gente tóxica, a personas equivocadas que permanentemente evalúan lo que decimos y lo que hacemos, o lo que no decimos y no hacemos.
>
> Bernardo Stamateas

Uno de mis artículos más compartido y leído ha sido el que trataba sobre las personas víricas, publicado en *El País Semanal.* Los lectores son mi mejor termómetro. Te están diciendo que les interesa, que lo entienden y que seguramente tengan alrededor alguno de estos especímenes. Lo malo es que los especímenes no suelen leerlo y mucho menos identificase con mis palabras. ¿Quiénes son las personas víricas? Aquellas que te contagian de lo negativo: energía negativa, ira, prisas, problemas, rencores, frustraciones, cotilleos, críticas... Te llegan a convencer de que el mundo es un lugar hostil, que las personas son amenazas, que tienes que estar protegiéndote, que si no haces lo que ellos dicen serás un desgraciado, que «amor» significa «control y posesión», que trabajar más horas de las que pone tu contrato es compromiso, y poco a poco, te vas consumiendo, dejándote llevar, tomando decisiones en contra de tu escala de valores y sintiéndote cada vez más desdichado.

Llegará un momento en tu vida en que les eches la culpa de tu desdicha, y entonces te habrás convertido en uno de ellos. En este libro tratamos de fomentar la responsabilidad, y depende de uno mismo saber que lo que sentimos en gran parte es algo que podemos gestionar. Por ello los siguientes consejos te permitirán identificar a las personas víricas y actuar de forma adecuada en esa situación.

Muchas son las personas que llegan a mi consulta y manifiestan que están tristes y que no saben lo que les ocurre, que no identifican un problema concreto. Pero en cuanto profundizamos un poco, me doy cuenta de que las personas que conviven a su alrededor no están en simbiosis con ellas, sino que son parásitos. En una relación de simbiosis, ambos amigos, la pareja, padres e hijos salen mutuamente beneficiados de la relación; pero cuando topas con un parásito, se lleva lo mejor de ti para dejarte desnudo y marchito.

Algunos virus son fácilmente identificables, otros pasan camuflados, casi desapercibidos, y bajo el paraguas de la protección y el amor hacen que confundas tus sentimientos. No puedes cambiar a la gente que tienes a tu alrededor, salvo que alguna persona te pida explícitamente que desea cambiar y que, por favor, le ayudes. Pero lo que sí puedes es decidir con qué gente relacionarte. Elegir a las personas que te convienen es un signo de madurez, de autoestima y de quererte a ti mismo. Las personas que convienen no son las que en un futuro podrán echarte una mano, sino aquellas que comparten una misma escala de valores, sobre todo en lo tocante a generosidad, prestar ayuda y benevolencia. Solo con ellas serás capaz de ser tú mismo.

Para saber diferenciar quién, probablemente, no te conviene, debes estar atento a las tribus víricas urbanas: los controladores, los manipuladores, los tiranos, los que te complican la vida solo por fastidiar, los victimistas, los incontrolados y desinhibidos, y los chupópteros y trepas.

Los controladores

Son los que tratan de controlarte, eligiendo por ti qué comer, cómo vestirte, con qué amigos debes salir y cómo debes hacer las cosas. Hay personas con tanta necesidad de control que controlan sus horarios, su trabajo, su ocio, su deporte, todo, y por ello también necesitan tener controlados a los demás.

Los controladores quieren saber qué harás el fin de semana para poder planificarse ellos, opinan sobre tu forma de vestir haciendo juicios de valor sobre ella, quieren que hagas la misma actividad física y comas lo mismo que ellos porque es saludable y no entienden que no compartas sus valores y principios. La madre controladora te llama varias veces al día, estés casado, soltero, estés trabajando o muy ocupado, porque necesita saber qué haces en cada momento. Si no la atiendes, puede ponerse nerviosa y pensar que te ocurre algo, o en el peor de los casos, hacerte chantaje emocional y acusarte de que tienes tiempo para todos menos para ella.

La mejor representación de controladores puedes encontrarla en madres, padres y parejas. La afinidad de parentesco para ellos lleva asociado que tienen derecho a saber todo de ti, a decidir qué es bueno para ti, y la mayoría de las veces sin previa consulta.

Consejo: no hagas concesiones. Cada vez que las haces, sientas un precedente que será difícil de borrar. En la pareja y en la familia hay que ceder muchas veces para facilitar la convivencia, pero no permitas que estas concesiones tengan que ver con traicionar tu escala de valores. Rechaza la propuesta de tu pareja de cambiarte de ropa si estimas que la que llevas es la oportuna. Con un simple: «Gracias, agradezco tu consejo, pero me encanta cómo voy vestida»; es suficiente.

Los manipuladores

Te dicen lo que tienes que hacer, qué tienes que ponerte, te comparan con amigas, incluso con hermanos, te ponen mala cara porque no estudias lo que ellos han sugerido, incluso algunos te niegan su ayuda si no te sometes a sus deseos. Madres y padres frustrados que no pudieron elegir la vida que querían, pero que tratan de proyectarla a través de sus hijos. Les trasladan sus deseos, sus frustraciones y copian el modelo educativo erróneo basado en la manipulación con el que ellos fueron educados, a sabiendas de que también sufrieron.

La frase preferida de los manipuladores es: «Pues tú sabrás lo que haces»; o la aún más famosa: «Allá tú». Son frases que lejos de educar en la responsabilidad y la autonomía, lo hacen en la amenaza y el reproche, porque a todas les acompaña el archiconocido y oscarizado «Te lo dije», cuando fracasas tal como predijo el manipulador.

El manipulador insiste mucho en que lo hace por tu bien,

pero es un bien pensado desde su escala de valores, desde sus preferencias, incluso desde su zona confortable y segura. El bien realmente es el suyo, más que el tuyo. El manipulador te deja de hablar durante días para mostrarte su enfado, te amenaza, te pone cara de deberle dinero y no concibe otra alternativa que la que él propone. Hará todo lo posible por mostrarte las desventajas de tu idea y las maravillosas virtudes de su propuesta.

En la tribu de manipuladores se encuentran muchos padres y madres; parejas que afirman que salir con tus amigas es no querer pasar tiempo juntos, y que a modo de revancha, ellos harán lo mismo cuando tengan la oportunidad; hijos que tratan de hacerte sentir mal porque sus amigos llegan dos horas más tarde de la que ellos tienen como límite cuando salen por las noches; compañeros de trabajo que se disfrazan con piel de cordero y, entre carantoñas, elogios y bondades, tratan de obtener de ti lo que desean, o jefes que te valoran y te animan a que trabajes en actividades que no te corresponden pero que podrían facilitarte un ascenso. También hay amigos manipuladores que tratan de que siempre se haga al plan atractivo para ellos.

Consejo: escucha, analiza y valora lo que te piden, pero luego decide tú. Al fin y al cabo, tu vida vas a vivirla tú, con tus errores y tus aciertos, pero tú. Si dejas que te influencien en tus opiniones religiosas y políticas, en el tipo de amigos con los que debes relacionarte o en la carrera que debes elegir, o si debes seguir en tu trabajo o no, llegará un momento en el que, si esas decisiones no coinciden con tus deseos, te sentirás una persona muy desgraciada.

No busques contentar a tu entorno, porque ellos podrán ser felices pero tú no. La vida tiene su riesgo, sus fracasos, pero también sus momentos de gloria. Vivir la vida de otros es la mejor manera de hipotecar tu felicidad.

No se trata de rechazar todo por sistema, porque en muchas ocasiones te estarán aconsejando bien, pero sí de que seas tú el que tengas la decisión final. Así tampoco podrás responsabilizar a los demás de tu estado anímico, no podrás decir: «Soy un infeliz porque me obligasteis a estudiar lo que no me gustaba».

Los tiranos

En esta tribu, sobre todo, puedes encontrarte con jefes y con hijos. Se permiten ser tiranos aquellas personas que saben que las necesitamos o por las que sentimos un amor incondicional. Y esto se debe a que pensamos que no podemos reaccionar de otra manera con ellas.

Los jefes tiranos no respetan el convenio, ni tus horas de comida, ni tu ocio o el momento de la salida. Muchos de ellos son adictos al trabajo, no concilian su vida familiar porque apenas la tienen, y pretenden que tú te desquicies de la misma manera. Tienes que estar siempre a su disposición y seguir su ritmo de trabajo. Para ellos esto significa compromiso. Saben que dependes del salario, que lo necesitas y que tu poder de reacción es nulo.

Los hijos tiranos valoran poco lo que haces y lo que inviertes en ellos, y están continuamente pidiendo más. Y no suele ser más tiempo y dedicación, es más ropa, más tecnología, más dinero, más de todo. Nunca tienen suficiente, y tú, porque les quieres y con tal de que no se frustren, terminas cediendo a su tiranía. Se creen los amos de la casa y aportan muy poco, ni a través del cariño, ni de la amabilidad ni de la colaboración. La idea del amor incondicional para ellos solo tiene una dirección, de los padres a los hijos. A algunos les he oído en la consulta hacer comentarios del tipo: «Pues no haberme tenido».

Consejo: pon límites y ponlos siempre. Transmite de forma educada y serena lo que no es justo, lo que no te corresponde o lo que no es negociable. Si tratas de ser empático y razonar con ellos para que entiendan cómo te sientes con su tiranía, la mayoría de las veces les dará igual. Ellos comprenden solo su idioma, no el tuyo.

Sé que en el ámbito laboral esto es más complicado porque dependes de tu trabajo. Pero si no tienes un comité de empresa que te defienda, ve buscando un trabajo nuevo para poder salir de ahí.

Los que te complican la vida solo por fastidiar

Hay personas que sufren con tu felicidad, con tu serenidad y con que disfrutes de la vida. Por algún motivo, están amargados y necesitan que todos sientan lo mismo. Esta tribu la representan compañeros de trabajo y, sobre todo, algunos ex.

La idea es fastidiar por fastidiar. Su envidia, resentimiento, rabia o frustración no la calman buscando ayuda psicológica, practicando deporte o hablando con sus amigos. La calman cuando te complican la vida. O te ponen el aire acondicionado a tope porque saben que eres friolera, o pasan de darte una información del trabajo, o se vuelven inflexibles en la recogida o entrega de los hijos.

No tienen a su alcance la benevolencia, la flexibilidad y el ser buenas personas.

Consejo: no entres en su dinámica. Están deseando verte como un energúmeno. La mejor arma es la indiferencia. La indiferencia hasta un punto, porque no puede llevarte a perder derechos y hacer concesiones con tal de no oírlos. Expresa tus ideas y pon límites, les guste o no. Siempre de forma amable y asertiva. Y trata de dejar las cosas por escrito, mandando un correo o un WhatsApp, así quedará todo registrado. Con ellos puede que tengas problemas de palabra, porque donde dicen «digo», luego dicen «Diego».

Los victimistas

Aquí entran todos: amigos, familia, compañeros de trabajo, hijos, pareja, la tendera, el que vende la lotería... todos pueden ser victimistas. La parte positiva de esta especie es que no suelen tener maldad, ¡menos mal! Pero te transforman. Tú llegas con ganas de verles, hablar y compartir, y terminas el encuentro con ganas de tirarte por una ventana. Solo hablan de lo mal que va todo, de los problemas que tienen, de sus dolores crónicos, de las desgracias y enfermedades de otros. Podrían ser redactores de *El Caso*.

Muchos de ellos terminan somatizando tanta negatividad y sufren problemas de tristeza y ansiedad, de los que por supuesto también hablan todo el día. Es normal, si continuamente están pendientes de lo que no funciona, sus cerebros terminan por tomar decisiones, sus neurotransmisores se resienten y el sistema nervioso se altera.

La parte más dura de sobrellevar con esta especie es el «tirar». Hay que tirar de ellos porque su felicidad depende de que el entorno funcione, de que el trabajo sea el perfecto, de que la pareja esté todo el día pendiente de ellos, de que tengan todo bajo control para eliminar la incertidumbre propia y natural de la vida. Piden mucha ayuda, antes de pensar en sus propias soluciones. Están acostumbrados a que les resuelvas la papeleta y tú a tirar del carro.

Consejo: no les refuerces su discurso. Reforzar significa prestarles atención, escucharles de más, darles la razón. Pídeles que te hablen de soluciones, más que de problemas. Que traten de aprender a ver el lado positivo, cómico y bueno de la vida. No son capaces de verlo porque no están entrenados para ello. Llevan demasiado tiempo contemplando. Necesitan tomar decisiones y actuar, en lugar de esperar que llegue el Mesías a salvarles la vida.

Corta su discurso catastrófico, diles que te sienta mal escuchar tanta negatividad. Y cuando hablen de cosas positivas, préstales atención, interésate. Enséñales que se puede tener una conversación distendida hablando solo de lo que funciona y de las cosas buenas de la vida.

Los incontrolados y desinhibidos

Tienen que decirte lo que piensan, pase lo que pase. «Mira, te voy a ser sincero...», si escuchas esta frase, pon el piloto automático, porque automáticamente te van a decir algo hiriente, quieras o no escucharlo. Porque no piden permiso para soltar lo que piensan. Creen que la sinceridad no tiene límites, y que en su nombre se puede ofender, humillar o incluso ridiculizar a la persona.

Los desinhibidos suelen tener mucha confianza en la relación, a pesar de que esa confianza pueda no ser recíproca. De hecho, podría ser normal que una vecina te dijera en el patio de luces, desde la ventana de su casa, que va a ser muy sincera contigo, y acto seguido espetar: «Si yo tuviera un marido que llega a las horas que el tuyo, cambiaba la cerradura a los dos días»; y luego siga tendiendo como si acabara de decirte que tu hija está altísima y guapísima.

El problema de la desinhibición verbal radica en la falta de un filtro mental. El sistema reflexivo nos permite analizar qué tipo de pensamientos se pueden compartir y cuáles no. No todo puede ser *vox populi*. Las personas, antes de hablar, debemos analizar las consecuencias de nuestras palabras, cómo formularlas de la forma adecuada y si van a servir para algo. Y también ser conscientes de que una determinada emoción, como la rabia de un enfado, no es una licencia para hablar con rabia. Rabia es lo que sientes, pero no tiene por qué ser la forma de expresarte.

Consejo: frena a quien te esté faltando el respeto. No permitas que se desahogue contigo, no eres su cubo de la basura. Puedes decirle algo así como: «¿Te estás dando cuenta de que tu manera de hablarme es ofensiva?»; «¿Te das cuenta de que me estás levantando la voz?»; «Imagino que debes estar enfadado, pero me gustaría poder hablar contigo en otro momento en el que podamos hacerlo de forma tranquila», o «¿Estás segura de que yo quiero escuchar tu consejo?».

Las personas tienen el derecho a expresar su enfado contigo, pero de una forma correcta y no ofensiva. Sea cual sea el motivo, pide respeto. Si no lo haces, no te respetarán. Lo fácil para ellos es comportarse y hablarte desde su zona confortable, que suele ser la desinhibición y la agresividad. Y si, a pesar de tu petición de respeto, continúan con la dinámica, diles que vas a abandonar el lugar, no permitas que te humillen.

Los chupópteros y trepas

Estos lo quieren todo a tu costa. Se cuelgan tus medallas, te copian sin citarte y se apropian de tu trabajo y tus ideas. Hoy en día, con las redes sociales es muy común. Yo he visto desfilar más de un post-it mío con las mismas frases y palabras pero «anónimo».

El chupóptero y trepa espera tu caída para subir él porque no tiene la suficiente formación, experiencia, carisma, capacidad de trabajo o creatividad que tú. Por eso, por sí mismo, no puede superarte. Necesita tu error, desprestigiarte, limitarte, hacerte *mobbing* o jugar al otro fútbol para ganarte el partido.

Suelen cohabitar sobre todo en el ámbito laboral.

Consejo: no te conviertas en un desconfiado por culpa de esta especie. Hay muchas personas maravillosas, con valores, que son como tú. Esperar lo peor de la gente te hará estar en continua alerta y no poder disfrutar de relaciones que pueden ser maravillosas.

Habla bien de ti, de tu trabajo, reconoce y di cuál es la autoría de lo que tú haces. No se trata de estar todo el día presumiendo de lo bueno que eres y de los logros conseguidos, pero no te escondas por un exceso de humildad. Todo lo que no te valoren a ti, se lo valorarán al trepa.

Protégete de lo que sea una amenaza para ti. Estos especímenes amenazan tu equilibrio y bienestar. Por eso es importante saber detectarlos para tomar las medidas oportunas. Nadie puede dirigir tu vida, ni siquiera diciéndote que es por ti. Por ti la eliges tú, salvo que pidas opiniones.

Únete a personas que te valoren, que te hagan sentir bien, que te respeten y admiren por lo que tú eres, sin condiciones ni condicionantes. Rodéate de gente a la que admires, con la que te sientas identificado, porque ellos van a influenciar gran parte de tus momentos.

20

Y al final, tú eliges. Elige CONTAR CONTIGO

Usted no es solamente responsable de lo que dice, sino también de lo que no dice.

MARTÍN LUTERO

Acepta la responsabilidad de tu vida. Debes saber que eres tú el que te llevará a donde quieres ir, no hay nadie más.

LES BROWN

Es incorrecto e inmoral tratar de escapar de las consecuencias de los actos propios.

MAHATMA GANDHI

Y con este capítulo hemos llegado al final. Mi único interés ha sido despertar en ti la curiosidad por dirigir tu vida, y así impedir que sean otros los que influyan, decidan y condicionen tu futuro. Tu vida es tuya, tu pasado también, pero ya no tiene remedio. Pero sí lo tiene lo que te queda en adelante. Tu futuro, tu presente, tus decisiones, tus emociones, lo que piensas, en lo que trabajas y con quién te relacionas. Puedes intervenir en todos los niveles y a todas horas. Y si lo consigues, serás libre. Si lo consigues, serás consecuente y honesto contigo mismo. Si lo consigues, serás un líder. Qué mejor que liderar tu vida.

Y al final, tú eliges. Eliges responsabilizarte, cuidarte, entrenarte, tomar decisiones, tener hijos, cambiar de trabajo, mudarte, perder peso, ser más optimista; eliges a los que te rodean, frivolizar, relajarte o cuidarte. Eliges con cada paso y con cada pensamiento, y tus elecciones te hacen sufrir o disfrutar. Puedes elegir más de lo que imaginas, pero para ello tienes que desprenderte de la dependencia de personas, valoraciones, resultados. Y contar que elegir conlleva fracasar, críticas y también aplausos y libertad. Si CUENTAS CONTIGO, aprenderás el valor de decidir por ti mismo. Si CUENTAS CONTIGO, te podrás acercar a la serenidad y el equilibrio. Y para ello no necesitas ni un gran coche, ni una mansión, ni estrenar zapatos nuevos, ni tampoco tener el último modelo de móvil. Solo necesitas que tus deseos, responsabilidades y valores estén alineados y en equilibrio.

Este es un libro para repasarlo, trabajarlo y consultarlo cada vez que lo necesites. Pero antes de finalizar, quiero dejarte un pequeño decálogo de lo que, en mi opinión, es importante trabajar a diario para ser feliz.

1. Cultiva tu mente

Hoy en día estamos rodeados de muchos aparatos electrónicos atractivos. Televisores enormes de plasma en los que parece que se juega el partido en casa, redes sociales, teléfonos, tabletas... y todos ellos te ofrecen un entretenimiento cómodo. Nos hacen reír, nos conectan con otras personas, nos divierten, pero en la mayoría de los casos, salvo algunos juegos en los que se ejercita la mente, su uso no precisa de mucho esfuerzo.

El cerebro se entrena, como cualquier otro músculo del cuerpo. Y la ciencia ya ha demostrado que las personas tenemos capacidad de aprendizaje toda la vida, y que cuanto más entrenamos variables psicológicas como la memoria, la atención, el vocabulario, la concentración, el aprendizaje de un idioma nuevo o de un juego de estrategia, más facilitamos la neurogénesis y las conexiones neuronales. Nuestro cerebro sigue generando nuevas neuronas hasta que morimos, pero solo si nosotros lo activamos.

La mejor manera de tener un cerebro activo y sano es la prevención. No esperes a tener olvidos para darte cuenta de que tienes que ejercitarlo. Trabaja tu mente. Proponte dedicar al día media hora de tu tiempo a cuidar tu cerebro. Lo ideal sería que el tiempo que invertirás en tu cerebro lo restes de alguna actividad como ver la televisión o usar el móvil. Realiza actividades que lo protejan, como practicar ejercicio físico, leer, dormir y descansar, aprender, estudiar, hacer crucigramas, escribir, relacionar conceptos, ser curioso, relacionarte y hablar con gente. Y por otro lado, evita lo que lo envejece: una vida sedentaria, tener la tensión alta, el azúcar, el alcohol, el tabaco o estar en la zona confortable.

Para entrenar tu cerebro puedes hacer estos diez ejercicios:

- Calcula el precio de todo lo que compres, antes de llegar a la caja a pagar, ya sea en el supermercado o cuando vayas a la farmacia, la ferretería o las tiendas de moda. Ve sumando todo lo que te llevas.
- Habla y no pares de hablar: pregunta a la cajera, al taxista, al frutero, al peluquero, trata de relacionarte. Hablar con

la gente es un potente estimulador. No se trata de ser cotilla, solo se trata de hablar.

- Aprende cada día algo nuevo: pueden ser palabras, un idioma, leer sobre algo interesante, buscar algo en internet. Haz esquemas de lo que aprendas. Con colores, subrayando, con dibujos, verás qué fácilmente los retienes.
- Sal de tu zona confortable: coge otro camino para ir a trabajar, practica otro deporte, lee otro tipo de textos, cocina platos distintos.
- Trabaja la repetición. Después de la comprensión, es la base de la memoria. Es muy difícil recordar algo si no se repite. Puedes hacer la lista de la compra, repetirla, aprenderla y tratar de hacerla sin leer la lista. Al final, comprueba si lo llevas todo o no.
- Haz cosas con tu mano no dominante. Así estarás cultivando nuevas conexiones cerebrales: cepillarte los dientes, peinarte, ducharte, comer, beber, pasear al perro, todo con la otra mano.
- Tararea canciones antiguas, de esas que te sabías la letra. Si ves que las has olvidado, búscalas en YouTube o busca la letra y trata de aprendértelas otra vez. Y disfrútalas mientras te desgañitas.
- Cuenta cada día un chiste, recita una poesía o un cuento corto. Trata de ser creativo, adórnalo con tu estilo.
- Haz cálculo matemático. Puedes ponerte sumas, restas, multiplicaciones o algo más complejo. Y cada día dificultártelo un poco más.
- Haz puzles y sudokus, juega en la tableta, haz solitarios, juega a las cartas con amigos o a las palabras encadenadas, etc.

2. Entrena tu cuerpo

Haz ejercicio, y punto. Me encantaría que fuera una orden porque siempre les digo a mis pacientes que, si practicaran más deporte, les vería menos. Y es que los beneficios del ejercicio son tantos, que todavía no entiendo por qué no es una asignatura pilar en todos los colegios al igual que lo son las matemáticas o la lengua. Hacer ejercicio solo tiene consecuencias positivas y ni una sola desventaja, siempre que lo practiques de forma saludable y sin obsesionarte con querer más.

Tienes una oferta variadísima de todo tipo de deportes, desde deportes en equipo, como el pádel, hasta individuales, como salir a correr. No hay excusas, de verdad que no las hay. De hecho, muchas personas piden a un entrenador personal que les haga una tabla para realizarla en casa, sin tener que ir al gimnasio.

Si practicas deporte, te encontrarás más feliz, con mejor autoestima; te sentirás más fuerte, más ágil y más confiado; mejorará tu aspecto personal y tus funciones cerebrales, como la concentración; podrás dormir mejor y descansar; reducirás los niveles de ansiedad y estrés; podrás relacionarte con otras personas, y obtendrás muchas otras ventajas.

No lo aplaces más: elige el deporte, elige el día en el que vas a empezar, elige si lo practicarás solo o acompañado, inclúyelo en tu agenda y no lo postergues más.

Si no has practicado deporte nunca o llevas mucho tiempo sin hacerlo, es aconsejable hacerte un chequeo o preguntar a tu médico de cabecera. Y déjate aconsejar por un preparador físico, un licenciado en CAFD (como ahora hay mucho intrusismo y todo el mundo es entrenador personal, ten cuidado al elegir al profesional) que te diga cómo iniciarte de forma prudente en la práctica del ejercicio.

3. Elige lo que piensas

Este tema ha sido casi un eje transversal a lo largo del libro. Tenemos la capacidad y, con ello, la libertad de elegir lo que pensamos. Nuestros pensamientos funcionan como el principio de Arquímedes, ¿te acuerdas de lo que decía?: «Todo cuerpo sumergido en un fluido experimenta un empuje vertical y hacia arriba igual al peso de fluido desalojado». Es decir, que el peso que ejerces sobre un fluido desaloja una cantidad de líquido proporcional. Haz el experimento. Llena el lavabo y coge un barco de tu hijo y empuja el barco hacia abajo, cuanto más sumerjas algo y más pesado sea, más agua desalojas. Tus pensamientos funcionan de la misma manera. Cuantos más barcos elijas meter, más medusas desalojas. Los barcos son pensamientos elegidos, los que te permiten sumar, y las medusas son los que pican, restan y te incomodan.

Elegir algo no puede ser una herramienta que se vuelva en tu contra, como he visto que les sucedía a muchos de mis pacientes. Se sienten responsables y culpables de su pena: «Sí, ya lo sé, la culpa es mía, que pienso en negativo». ¡Naranjas de la China! No eres culpable de nada, estás intentando cambiarlo, y eso ya es suficiente. Necesitas tratarte con respeto, con benevolencia y con paciencia, y también necesitas saber que los cambios requieren tiempo. Así que cada vez que te descubras pensando de forma catastrófica o enredándote con lo que no te conviene, empuja el barco pero no te castigues. Recuerda que la autocrítica te perjudica.

4. Perdona y sé compasivo

El perdón lo debes practicar tanto con los demás como contigo mismo. El orgullo nos aleja de los seres queridos, alarga la lista de los «que te deben algo» y genera mucho malestar. Todo el mundo se equivoca, incluso tú, y cuanto más rencor guardes hacia alguien, más te costará volver a reconciliarte con él y a recuperar el contacto. Si la persona vale la pena, habla con ella. Y si no vale la pena, cierra la carpeta y olvídala. Pero deja de rumiar, de pensar en la venganza y de querer tener la oportunidad de devolvérsela. Te quita energía de todo aquello que puedes disfrutar.

Tómate tu tiempo para resolver problemas. Cada uno tiene su ritmo y necesita un tiempo determinado para entender qué ha sucedido y qué siente. Y pasado el tiempo necesario, toma una decisión: o resuelves o pasas página.

El perdón contigo también es importante. Necesitas ser amable, educado, paciente y motivador contigo. Te mereces el mismo respeto que das a los demás. Sé flexible con lo que piensas sobre ti y sobre lo que te dices a ti mismo. Permítete equivocarte y alegrarte por haberlo intentado.

5. No te compares ni te juzgues

Tú eres especial. No hay una sola persona en la faz de la tierra que sea igual que tú. Puedes compartir rasgos con otros y parecerte en la forma de ser, en los gustos, en los valores, en el deporte que practicas, e incluso en tu físico y en tu timbre de voz. Pero no eres igual a nadie. Así que no sirve de nada compararte. Las conclusiones podrán aportarte poca información. Ni has vivido las experiencias de otras personas, ni la educación recibida es la misma, ni has acudido a su escuela, ni has experimentado las mismas emociones, nada. No te compares. Solo hará que te sientas mal.

Y si eres padre, madre, maestro, amigo, entrenador, tampoco hagas comparaciones entre las personas con las que te relacionas. Es muy duro tener que estar a la altura de los demás. Recuerda, si tú eres único, los que te rodean también lo son. Así que busca la manera de motivar y corregir a la gente sin comparar a nadie con otra persona.

6. Dedica tiempo a tus innegociables

Tus «innegociables» ya los decidimos en capítulos anteriores. ¿Te acuerdas de tu once titular? Son los que permiten tener equilibrio entre tantas obligaciones, te dan paz, diversión, serenidad y felicidad. Respetar tus «innegociables» es respetarte a ti mismo.

A pesar de que vivimos en sociedad y que hacer cosas por los demás, ser generoso y altruista nos hace sentir bien, lo cierto es que no debemos olvidarnos de nosotros y de disfrutarnos. No se trata de un «yo, mí, me, conmigo», sino de no posponerte siempre. Cuando te conviertes en trabajador, padre, amigo, hijo, y otra serie de roles, terminas por dividir tu tiempo entre todos. Trata de que tú seas uno más a los que dedicar tu tiempo.

Y no te justifiques ni pidas perdón por buscar tiempo para ti. Recuerda que es uno de tus derechos. Tienes derecho a vivir una vida plena, a ser feliz, a vivir tranquilo, a disfrutar de las pequeñas y de las grandes cosas, a practicar deporte, a reír, a relacionarte con la gente, a tener tiempo de formarte y desarrollar tu profesión, a estar tranquilo, a cuidarte y a muchas cosas más. Te propongo que escribas tus derechos. Haz una lista de aquello a lo que crees que tienes derecho y trata de que eso se respete.

7. Cuida tu salud y tu aspecto físico

Tu cuerpo es tu armadura, tu trasportín, de lo que vas a depender toda la vida. Te permitirá ser más fuerte y más ágil, estar más cómodo y más sano, y sentirte más o menos a gusto. Debes cuidarlo. Los cuidados del cuerpo consisten en lo que comes, el descanso que le das, los consejos médicos que debes seguir, tu higiene y tus tratamientos como masajes, cremas o el cepillado. Además de la práctica de ejercicio, de la que ya hemos hablado.

Tanto el cuerpo como el cerebro necesitan el combustible adecuado. La comida basura, el exceso de grasas, los fritos, los snacks, el azúcar de las golosinas, el chocolate con leche, los refrescos azucarados, etc., te aportan muchas calorías, pero pocos nutrientes. La comida saludable puede ser muy apetitosa, solo tienes que ser creativo para no caer en la ensalada típica de la que pronto podrías cansarte. Busca información sobre la corriente *healthy* y trata de divertirte con la comida sana. Eso sí, no te conviertas en un obseso de los que solo compran bio, todo light y miran todas las etiquetas. De hecho, hay una nueva obsesión que se llama «ortorexia» y consiste en comer solo comida pura. No te engañes, no existe. Todo tiene algo de manipulación. Todos sabemos qué es comer de forma saludable, y si lo desconoces, busca información de médicos y nutricionistas fiables y contrastados, y no olvides aplicar el sentido común.

Bebe líquido, estar hidratado es cuidar tu piel, tu cerebro y todos tus sistemas. Necesitamos el agua, y a veces la sustituimos por refrescos, zumos u otras bebidas como el té. Si eres de los que no te acuerdas de beber agua, ponte algún recordatorio o lleva siempre contigo un botellín.

Descansa. Es tan importante como alimentarte de forma correcta. El sueño es la forma de reparar todo lo que acontece durante el día. Los problemas de sueño pueden acarrear problemas de salud y trastornos mentales, como nerviosismo y depresión. No ningunees la necesidad de descanso, no eres Superman. Así que dale al descanso la misma importancia que le concedes a la comida.

Y cuida tu salud: los chequeos, el sobrepeso, tus antecedentes familiares. No tengas miedo a la prevención, es la mejor manera de evitar la enfermedad. Muchas son las personas que no quieren hacerse chequeos «por si acaso...», pero esto es un signo de imprudencia e irresponsabilidad. El «por si acaso...», si se aborda pronto, tiene solución, pero si se hace tarde, puede que no la tenga.

8. Aparta la impulsividad y entrena la reflexión

Piensa más antes de actuar. Piensa en las consecuencias. Y piensa cuando estés en frío. En caliente, la duchita y el café. La calentura solo nos perjudica. A nivel de salud es un síntoma de infección, y a nivel psicológico, es el propulsor de la impulsividad. En caliente todo es tremendo, desproporcionado, maléfico, malintencionado. Todo se tergiversa en caliente.

Solo tienes que aprender que esa respuesta emocional que sientes y que te tiene muy enfadado e irascible no necesita de una reacción inmediata. Ni un correo, ni una llamada, ni un tuit, nada. Todo puede esperar. Y en este caso, debe esperar. Trabajar la reflexión es una de las claves del éxito de las personas. No somos animales que nos dejemos guiar por los impulsos, sino que tenemos capacidad para esperar, reflexionar y tomar decisiones. Ejercita esta habilidad con la que has sido dotado y agradece haber esperado para actuar. Tú eres consciente de lo absurdo e inútil que puede ser actuar en caliente, y muchas de las veces, las consecuencias no tienen remedio. Así que trata de pensar en lo mal que te sentiste la última vez que fuiste impulsivo, y espera.

Si te cuesta contenerte, prevé las situaciones que puedan sacarte de quicio. Piensa en cómo podrás mantener la compostura y en algo que pueda relajarte si la situación sube de tono. Algo así como decirte: «Tranquilo, es lo que ellos piensan, pueden expresar opiniones distintas a las mías»; «El tráfico de mi ciudad es agobiante, cuento con ello, pongo música y me relajo»; «Mi hijo no me desquicia, es el mal uso que hace del móvil, imagino que como todos los de su edad, solo tengo que ponerle algunos límites». Te ayudará ser empático, pensar cómo te sentirías tú si fueras el que conduce delante de ti y le pitan, si fueras tu hijo y su inseparable móvil, o el cliente que contraargumenta porque no se siente entendido por ti o porque no está convencido del producto. La gente no está en contra de ti, no tienes rivales ni enemigos. Puede que sean otras las motivaciones que os llevan a no entenderos o a tener conflictos. Pero, ante todo, paciencia y autocontrol.

Cuando tengas que castigar a alguien, emitir una crítica, pedir un cambio o expresar tu enfado, busca el momento oportuno, un tono de voz seguro pero conversacional y permanece abierto a escuchar a la otra parte. Y sobre todo hazlo cuando estés tranquilo. Así también ganarás credibilidad.

9. Como lo estás haciendo, es perfecto

No, no eres perfecto, o sí, si entendemos la perfección como la voluntad de hacer las cosas con la mejor de las intenciones. Es perfecta nuestra intención, son perfectos nuestros errores, es perfecta la actitud, son perfectas muchas cosas. Y sobre todo, lo que es perfecto es este momento. En este momento, con tu talento, tus habilidades, tu motivación, tu capacidad, tu nivel de esfuerzo y trabajo, lo que hagas es perfecto. Porque lo que has hecho ya no tiene remedio, lo que has hecho era tu mejor versión de lo que tú podías ofrecer. A pesar de que digas que podrías haber dado más, si no lo hiciste, por el motivo que fuere, es que no estaba para darse en ese momento. Así que el porcentaje con el que competiste, entrenaste, etc., fue perfecto. Y es que no tenías otro. Si lo deseas, puedes plantearte algo más la próxima vez, pero no des ni media vuelta a lo que ya has hecho.

Lo que podemos discutir son los resultados. Estos pueden no ser perfectos. Ni lo son ni lo serán. Porque la mejora continua de los resultados va de la mano de tu superación, de tu ambición. Y lo que hoy te parece genial, mañana podrás superarlo.

Las personas somos perfectas por el simple hecho de existir, que nadie te diga lo contrario. La baja autoestima, la duda sobre uno mismo, las comparaciones, los juicios de valor, los reproches o la competitividad insana nos alejan de la felicidad. Nos dicen que no estamos a la altura y nos impiden ser felices. Eres genial, eres grande y, con eso, es suficiente. A partir de aquí, todo lo que tú hagas por crecer por propia decisión, también será genial.

10. Ríe

Los beneficios del humor hoy en día son incuestionables. La risa libera endorfinas, reduce los niveles de ansiedad, ayuda a relativizar las cosas y a tomar el control de lo que nos preocupa, mejora nuestro sistema inmunitario, reduce los niveles de dolor y favorece las relaciones personales. Es cierto, las personas divertidas y con humor nos parecen más atractivas.

Busca material divertido, libros, noticias, vídeos, películas o recuerdos que te hagan reír y te cambien el estado de ánimo. Todos tenemos un sentido del humor distinto, así que no te compares con los demás si ves que no te ríes de lo que otros sí lo hacen. Ni pienses que no tienes sentido del humor. Todos lo tenemos, pero cada uno se ríe de lo que le place.

Trata también de buscar el lado humorístico de la vida, pues lo tiene. Pero hay veces en que nos la tomamos demasiado en serio. Si tuviéramos más claro lo corto que es este momento, le daríamos menos importancia a todo y nos reiríamos más. De verdad, cuando mires hacia atrás y recuerdes los momentos vividos, te gustará tener la mochila llena de risas y buenos momentos.

Los diez puntos anteriores recogen consejos para vivir con serenidad. Si tienes que entrenar muchos de ellos, elige uno y, cuando lo hayas convertido en un hábito, pasa al siguiente. Y poco a poco, vivirás la vida a tu manera. Vivirás la vida a tu manera y eligiendo. Cuando lo consigas, estarás contando contigo.

Agradecimientos

Gracias.

A todos los que confiáis en mí. A mi editor Carlos Martínez, que consigue que escribir un libro sea un acto de flow, sin prisa, sin estrés, sin presión. Es un placer trabajar contigo.

A mis pacientes, fuente constante de inspiración. Sin vuestras sesiones no sería capaz de ser creativa con la psicología. Conseguís sacar la parte más divertida de mí y que disfrute con vosotros.

A mis seguidores. Gracias por vuestros agradecimientos. Me siento útil, valorada y feliz de poder aportar algo a vuestra vida solo con un post-it, una frase o una foto con mi perro Vueltas.

Gracias a mi familia. Mi familia es divertida, diferente. Y eso me ha permitido tener una mente abierta, que no juzga, que es flexible, que se adapta, que lo ve casi todo normal y que, sobre todo, respeta. El valor del respeto viene de familia.

A mis amigos, que son un tesoro. La de veces que habré dicho esto, pero es que es así. Yo he tenido el lujo de conocer el verdadero sabor de la amistad. Cuando los pacientes me cuentan problemas con amigos, deslealtades, envidias, desprecios, a mí me llama la atención, porque de entre tanto problema como yo he sufrido, este nunca lo he tenido. Mis amigos son puros y verdaderos.

A todos los medios que permitís que divulgue mi pasión: TVE, *SportLife*, *Marca* o *El País*.

Gracias a todos.

PATRICIA